Jan Friedrich

Phantasie in Rot

Vorwort

Die tiefe Verbundenheit zur Natur und zu unserer Erde, sowie der manchmal etwas andere Blickwinkel zu den Geschehnissen, Dingen und zu Erlebtem zeichnen die Gedichte und kurzen Geschichten bunter als im Alltag existent.
Die Durchwandlungen der Gefühle zu allen Zeiten versucht der Autor auszudrücken, sei es Traurigkeit, Liebe, Angst oder auch Glück, Frust oder Erleichterung und hofft mit diesem Bändchen Menschen zu erreichen welche ähnlich denken, fühlen und sich nicht allen Vorschriften beugen.
Besonders danken bei der Verwirklichung dieses Buches möchte ich Uwe Hark und Helga Friedrich.

Jan Friedrich

Der Autor

Jan Friedrich wurde am 13. Mai 1959 in Plauen/Vogtland geboren.
Nach Abschluß der Polytechnischen Oberschule und einer Lehre als Offset-Drucker in Leipzig arbeitete er in verschiedenen Jobs, z.B. als Heizer, Drucker und im Leipziger Zoo und bewegte sich privat in einer zur Politik der DDR kritisch stehenden Szene. Diese Jahre waren auch mit Problemen und Repressalien von Seiten der Staatsmacht behaftet und so verließ er 1988 die DDR illegal. Seine dort verbliebene Lebensgefährtin und die Tochter flüchteten August 1989 nach gemeinsamen Anstrengungen über Ungarn zu ihm.
Seit dieser Zeit wohnt Jan Friedrich in einer kleinen Gemeinde am nördlichen Stadtrand von Regensburg und arbeitet in einer großen dort ansässigen Automobilfirma.
Im Gegensatz zu den täglichen Pflichten und Zwängen verbringt Jan Friedrich viel Zeit in der Natur, mit seinem Hund und bei Reisen (so möglich), aus diesen für ihn Kraft gebenden Aktivitäten und aus den täglichen Erlebnissen, stammen die in den letzten Jahren gesammelten Gedichte und Kurzgeschichten.

Ich kenn ein Haus...

Gebaut vor hunderten von Jahren mit der Kunstfertigkeit
der damaligen Zimmerleute, gebaut aus Fachwerk und Lehm,
als Stall unten und Gesindeobdach darüber, mit einem offenen
überdachten Gang zum Erreichen der kleinen Stuben mit noch
kleineren Fenstern.
Von den Jahren ringsum begrünt, versteckt, im fast schon Garten
Eden, so schön der Platz.
Dort, in diesem Haus, könnte ich atmen, würde mein Herz hüpfen bei
jedem sanften, nachdenklichen Streichen über die alten Balken, bei
jeder Berührung meiner Hand, meines Fußes mit der Seele dieses
Hauses.
Dort würden freigesetzt die Gedanken und Phantasien Abdriftungen in
vergangene Zeiten, Vermutungen über dort Erlebtes, Passiertes.
Und, ist man leise, hört man zwischen dem Ächzen und
Knarren des alten Gebälks, die leise vorgetragenen Geschichten
des Hauses von den Wänden tropfen.
Dort würde entstehen die Einheit, der feste Verbund,
zwischen mir und dem mich vor Regen, Wind und Sturm
Schützenden.
Und jubilierend würde ich meine betonierte Vollkomfortwohnung
verlassen, um mich mit dir zu vereinen.
Ich kenn ein Haus...

Phantasie in Rot

Mit sehnsuchtsvollem Staunen
der Lippen weiches, volles Linienrund ich sah,
und schaudernd träumte mir der sanfte Kuß des Munds.
Du sprachst zu mir, was nie erreichte
mein Ohr und mein Gehirn,
dort herrschte nur der Zunge rosa Spitze,
welch sichtbar, kurz, bei jedem ersehnten Wort,
gebettet zwischen diesen Lippen und Zähnen
Elfenbeinen.
Bevor ich faszinierten Blicks versank,
gebannt von deines weichen Maules Pracht,
des schönen Körpers anmutig Gang,
bekränzt durch deines liebevoll geflochtenen Zopfes,
in rot, was schöner nur Erd, in Stein und Metall schuf,
hört ich dein leises Schweben hinter mir.
So hing ich da, verzückt und
zwischen den Zeiten, ufer- und hilflos.
Das Leuchten deines Durchdringens des
Hypnosezustands Wirkung nur verstärkte.
Fallen ins Bodenlose, rasend, und konträr,
unermeßlich steigen – unmöglich.
Du, zeigtest es mir.

Nach der Arbeit

Sitze in dreckiger Brühe in der Wanne mit
Musik von Marley,
um die heutigen neuneinhalb Stunden
Fließband loszuwerden.
Die genau über meinem Kopf hängende Dusche
läßt mir unregelmäßig dicke Wassertropfen ins
Gesicht fallen,
welche wie Tränen herabrinnen,
Tränen, die mir helfen, die Metamorphose vom
leistungsgestreßten, soldatisch gehorsamen
Bandworker zu mir selbst zu vollziehen.
Und mit neuer Kraft und optimistischeren Gedanken
verlasse ich das Bad mit einem verschlagenen
Grinsen auf den Lippen,
um das Wissen,
die Scheiße geht erst übermorgen weiter.

Mein Opa

Im Wald stehend, mitten zwischen hohen, alten
Fichten, nur den kleinen Ausschnitt zwischen
den Wipfeln im Blick, jagen dort zerrissene weiße
Wolkenfetzen vorbei.
Und ich kann mich nicht losreißen vom eiligen
Treiben und tauche wie hypnotisiert in die
Kindheit ab.
Ähnlich hohe Bäume im Wind rauschend, einzig
dies Geräusch, erlebte ich damals an der Hand
meines Lieblingsopas beim Wandern in der Heimat.
Geborgenheit und Wärme gab mir diese Hand,
nahm mir die Angst und zeigte mir die Geheimnisse
des Waldes.
Dabei erzählte er mir die Geschichten vom
Stülpner, Karl, dem Robin Hood des Vogtlandes.
Mir ist, als ob es gestern gewesen wäre,
dabei ist es so lang her, aber auch heute noch
würde ich, wie gern, meine Hand in seine legen
und seinen Erzählungen lauschen.

Dein 9. Geburtstag

Vor neun Jahren kamst du mit dem ersten großen Schock
deines Lebens auf die Welt.
Nach Monaten in warmer Geborgenheit ohne Licht,
nur den vertrauten Herzschlag und die leisen,
dumpf klingenden Stimmen deiner zukünftigen Familie
hörend, gestreichelt und liebkost, hindurch durch die
bis zum Platzen gespannte Haut des Bauches,
kam der Augenblick, da du deine gemütliche Höhle
verlassen mußtest, um zu leben.
Zuerst floss das dich so schmeichelnd umgebende Warme ab,
dann zog der Sog dich in die Enge,
du spürtest, daß auch die sonst so ruhigen Töne der Mama
voll Angst und Unruhe, Schmerz und Atemlosigkeit, dir
nicht helfen konnten.
Unbekanntes Gefühl des Alleinseins, der Panik für dich,
und dann, das grelle blendweiße Licht, dazu die Kälte.
Gepackt an den Füßen, kopfunter der Klaps auf den Rücken
– auch ich konnte nur schreien – wie alle, und wie auch
du es tatest.
Erster entsetzter Laut von dir in dieser Welt.
Und obwohl es für dich größter Schock, war es für uns
größtes Glück, und so werden wir alles versuchen,
zurückzugeben dir die Wärme, Geborgenheit und die Ruhe
der für dich schlagenden Herzen,
dir wieder zu bauen ein Nest, ähnlich behaglich deiner
damaligen Höhle.
Aber trotz allem wird es für dich nie wieder annähernd
so sein wie damals,
doch dieses Wissen ist versunken in den Tiefen deiner
Seele.

Ganz unten

Wünschte mir, wir wären wie meine Füße zueinander.
Geht der eine voraus, folgt der andere ihm sofort,
verweilt kurz auf gleicher Höhe,
um ihn im selben Augenblick schon zu überholen.
Und desgleichen des öfteren,
manchmal pausenlos.
In bequemer Stellung, lässig übereinander liegend,
leichtes, liebevolles Reiben aneinander,
einmal der eine oben, einmal der andere.
Und keiner fühlt sich ob der jeweiligen Stellung
benachteiligt, oben oder unten.
Eigentlich sind wir wie meine Füße,
müßten erkennen, einsehen, nutzlos einmalig,
nur im Duett zu meistern die Sprünge,
langen Wege, harten Anstiege, und die Tritte
in den Arsch derer, welche es brauchen,
denn,
tritt der eine, muß der andere stehen und umgekehrt.
Und getreten muß werden –
weil es mehr Ärsche als gemeinsame Füße gibt...

Sonnenuntergang

Die Wände voller Bücher, so viele ungelesen,
den Schrank voller CDs, manche nicht oder flüchtig
gehört, holt man die gleichen mit sicherem Griff
heraus, stimmungsmäßig, instinktiv entschieden, jetzt das.
Und ist wieder in Zeiten, Gefühlen, Momenten,
welche man suchte –
als ob man Orte aufsucht der Vergangenheit,
Momente zurückholen will, Blicke wieder sieht,
Berührungen wieder fühlt,
Metamorphose in Zeiten, als Schweiß oder Mundgeruch
nicht mal dein Gehirn streiften,
Zeiten, als zwar der orangene Sonnenuntergang nicht
als so herrlich empfunden wurde wie heute, aber
alles runder, unkomplizierter, zeitlos, als gäbe es
keine Vergangenheit und auch keine Zukunft, lief.
Zeiten des selbstverständlichen Hinnehmens des
ständigen Sieges,
sei es beim Spiel, den Frauen oder der Furcht.
Zeiten mit weniger menschlichen Skrupeln,
mehr Härte gegen Sentimentalitäten, aber ehrlicher.

Nun hörst du die Musik, liest dieses Buch, bist viel
weiser, dennoch nicht weiter, im Gegenteil –
Stehen vor Trümmern der Jugend, denn heute riechst
du ihn, sogar deinen eigenen, Schweiß, Mundgeruch.
Und findest den orangenen Sonnenuntergang
unwiederholbar schön.

Lachen

Richtiges, lautes, von unten aus dem
Bauch kommendes, glucksend hervorbrechendes
Lachen, – nicht das Auslachen, das verschämte
Kichern, das schadenfrohe Lachen, das höfliche,
unechte über einen blöden Witz, das gesellige
aus Anstand, nein, –
das nicht stoppbare, herzhafte, sorgenlose,
befreiende, nicht endenwollende Lachen von
innen ist es, was ich suche.

Aber ich finde es wieder und dann lachen wir
gemeinsam.

Wintereinbruch

Knirschende Spuren im Schnee ziehen,
das Vogelhaus noch unbestückt,
die Versäumnisse des Herbstes im Garten
bedeckt mit Weiß,
verrät mir die plätschernde Dachrinne
das kurze Sein.
Gegangen bin ich in der Stille der Nacht,
mit Schlappen, und so gespürt
die feuchte Kühle des angehenden Winters,
zu meines Hundes Grab.
Schwerer Gang im Sommer,
kurzes Gedenken jetzt, im angehenden Winter.

Und morgen werden meine Spuren im vom Föhn
getöteten Schnee nicht mehr zu sehen sein...

Mein Bett

Wichtigster Partner des Lebens,
kannst mich glücklich machen und traurig.
Denken – immer an dich in dir –
Ruhepol und Abenteuer.
Du bestimmst meinen Tag,
löse ich mich nicht von dir,
freue ich mich schon wieder auf dich.
Dunkelstätte meiner Seele,
die selbst mir geheim ist.
Meine Kraft von dir.
Und solltest du nicht lassen wollen von mir,
so sollte ich mich nicht trennen von dir.
Alles bringe ich zu dir,
alles, was ich empfinden kann,
und du mußt daraus den neuen Tag machen.
Bis jetzt gelang es.

Die Brille

Endlich, die Spätschicht und den Heimweg geschafft,
der Wanne entstiegen und den einen Teil der
Schizophrenie in ihr gelassen, sehe ich deine Brille
da liegen. Trifft mich als Erkenntnis, dabei ist es
kurz her, mußte ich neben anderen bestehen und du
brauchtest keine Brille zum Entscheiden, damals.
Leider ist es nicht kurz her, und auch ich werde
bald eine brauchen. Obwohl mir oft so ist, als wäre es
erst kurz her.
Und so soll es auch bleiben, ob mit Scheiß-Brille
oder ohne.

Diesen Herbst

Viele Jahre erlebe ich ihn nun schon,
den Wechsel der Jahreszeiten.
Die innere Stimme sagte es mir oft,
jetzt weiß ich es,
er ist mein Favorit – der Herbst.
Voll von Geheimnissen, Traurigkeit
und Abschiedsstimmung.
Früh von Nebeln verschleiert,
dann von der Sonne, durch buntgefärbtes,
von taunassen Spinnennetzen
behangenes Laub hindurch, geweckt,
die noch dampfende Erde.
Der Bach murmelt sein ständiges Lied
schon lauter durch die Wasser des Regens
der vergangenen Tage.
Bin mittendrin, stehe verzückt
im natürlichen Ablauf der Dinge
und bin einen Moment glücklich,
weil ich gerade das heute fühlen darf.

Farbspiel

Der Nächte Farbe – Rosé,
der Kehle Farbe innen ebenso,
dem Inhalt des Glases entnommen.
Rosé, erst nach dem Ein-Uhr-Schlag,
beendet dann der Arbeit Heimweg,
beginnend dann die Zeit für,
jede Nacht ein neues, altes,
erinnerungsbeladenes Glas,
erneut beladen mit Rosé,
zu färben die Kehle, die Seele.

Stille, zarte, geliebte Nächte in Rosé,
und wär der Stift nicht zwischen den Fingern,
des Glases Stiel des öfteren würde
Farb entleeren, ins Maul,
die Zunge rosa wartet schon.
Und draußen sich zeigt der rosa-weiche erste
Morgenschein ganz federleicht am Horizont.

Und endlich kann ich betten mein
rosé-schweres Haupt auf's Kissen.
Natürlich – ganz in Pink.

Runder Vormittag

Nichts kann gemütlicher sein, der Regen trommelt an die Scheibe,
Alibi für – nicht in Natur und draußen, sondern im Bett verbrachte
Stunden. Gegenüber im Schneidersitz, das Tablett des Frühstücks,
beladen mit Gutem, Genüssen für die Zunge, und meinem Auge
offenbaren sich Genüsse anderer Schönheit, anderen Geschmacks
durch dein offenklaffendes Hemd...
In die saftige Hälfte des Pfirsichs beißend, denke ich an die nachher
zu liebkosende Hälfte, welch kurz sichtbar, dann wieder versteckt,
sich reizender als jeder Pfirsich bietet, und weicher, verlockender als
jede Frucht offenbart.
Dein Aug in meinem, der Lippen volles Rund sich schließt um eine
Traube, satt der Sonne des Herbstes, danach dein Wort an mich,
jedoch, ich hör es nicht. Zuviel für meine Sinne, nur einer, oder der
zweien, kann gehen so, und einer ist das Auge.

Die Versuchung

Grünäugig, elegant, im braun-weiß
gemusterten Indianer-Pony-Look
kam sie daher,
meinte, sie könnte mich einwickeln
auf eine Stunde, einen Tag.
Normalerweise brauchen sie lange,
zu überzeugen bei mir,
die Frauen.
Diese nicht, wie Cäsar kam sie,
sah mich und eroberte mich.
Und ich kann nicht von ihr lassen,
neue Faszination jeden Tag.
Schlauestes Weib, was ich je hatte.
Ein Problem hab ich –
sie mag ihre Leine nicht.

Sommerende

Auf eine Woche zu Besuch kam sie, in der Wärme des Indianersommers. Die Tage konnten nicht schöner sein, morgens stand die Sonne auf, und der ständige leichte, laue Wind brachte Kühlung in der Hitze des Mittags.

Die Abende umschmeichelnd lieblich durch die Restwärme des Tages, und die Zikaden ließen ihr gleichmäßiges beruhigendes Zirpen unter sternenübersätem Himmel hören.

Sie saßen am See und lauschten der Sprache des Wassers, blickten schweigend in die blinkende Höhe. So suchte ihre Hand die seine.

Es waren Tage wunderbar, nicht möglich, sich zu trennen, selbst Minuten schmerzhaft, als fehle ein Stück Selbst. Gemeinsam Glück empfinden, die Tage auskosten mit Baden, Exkursionen, dem tiefen Blick über Mittagsteller auf weinüberdachten Terrassen, abends das Konzert und folgend das Sehen der tausenden kleinen Lichter am anderen Ufer des Sees, auf welchen der Mond seine silberne Straße malte. Er legte seinen Kopf in ihren Schoß. Es wurden nicht gezählt verbleibende Tage, Stunden, Minuten. Es galt der weiche kleine Mund, der kühlen sanften Hände Zärtlichkeit, die Zunge an prickelnd, zusammenzuckenlassender Stell. Es galt das Aug in seinem, der Liebe Wärme sprach es. Es galt nicht Zukunft, Vergangenheit, das Gestern, das Morgen, es gab nur hier und jetzt und reich beschenkte, überreizte Sinne und Nächte – lang, deren Sprache zerknitterte Bettlaken hinterließ.

So schnell vorbei die wenigen Tage, so gefühlt und beschimpft, wie oft, die Zeit, obschon ewig gleich und rhythmisch ihr Herzschlag, im Glück nur rasend schnell dahinschwindend empfunden.

Des letzten Tages graue Farbe weckte die eng Umschlungenen, nur schwer das Trennen der ineinander liegenden, wie zusammengehörenden Glieder. Eine Wölbung paßte genau in das Anderen Höhlung, perfekte Einheit und bei Trennung sehnend nach der vervollständigenden anderen Hälfte.

Trotz Regen, empfunden als Tränen der kommenden, nicht gewollten Trennung, bestand sie auf einem letzten Bad im See. Symbolischer Abschied vom Landschaft und Gegend dominierenden Wasser und seinen Bergen herum.

Die Trauer belegte ihre Stimmen und Augen, ihre Herzen. Und mit ihr ging der Sommer.

A. Reimann

Dein Buch, wohl wissend um der zufälligen
Vorhersehung, fiel staubig heute, dem
letzten Tag des nachtschwarz geschwängerten
Jahres, erneut in meine Hand.

Doch heute endlich nahm mich dein Wort,
und vergaß die Zeit,
und erinnerte mich der Zeit,
da ich mir Zeit hätte nehmen müssen,
für dein Buch und dadurch für dich.

Und gab mir den Lichtstrahl,
der schon fast erloschenen Kerze,
für einen Wechsel,
nicht nur der Zahl des Jahres,
sondern des Blickes am neuen Tag.

Farbe

Inmitten dieses Weißes,
unter meinen Füßen dickes Weiß,
eindrückbar, knirschend,
von oben kommt selbiges in Wirbelpracht
heran – herum – herda gestürmt,
die zu Schlitzen geschlossenen Augen
sehen nur Weiß.
Ringsum, alles, was Farbe, viel Farbe,
tolle Farbe, bunte, schöne Farbe,
jede erdenkliche Farbe,- hatte, -ist weiß.
Wieso heißt der Winter nicht Weiß?
Er macht alles <u>so</u>, und alles ist <u>so</u>,
und die Grönländer haben dafür,
für den weißen Schnee, 500 Wörter.
Also muß was dran sein an dem ganzen
unsichtbaren, sichtbaren, fantastischen Weiß.

Ich bin ehrlich, da seh ich schwarz.

Am See

Pfeifend, fast schimpfend, fliegt eine aufgestörte Ente über den glatten See. Nur leicht gekräuselt die Oberfläche vom lauen Südwind, welcher mir seit einiger Zeit den Klang der Gitarre und den leisen Gesang des Spielers der Gruppe junger Leute am gegenüberliegenden Ufer bruchstückhaft zu Ohren kommen läßt.

Über dem dunklen Wald ruft ein kreisender Bussard seinen spitzen, hohen Schrei. Ich lasse mich ins klare Nass gleiten und schwimme mit ruhigen Zügen der Mitte des Sees entgegen, unterwegs begegnen mir sich paarende Libellen, lautlos im taumelnden Spiel untrennbar miteinander, sich hebend, gleich einem kleinen doppelten farbigen Hubschrauber. Wieder ein Stück weiter vom Ufer entfernt, schwebt eine daunige Feder auf der Oberfläche vorbei, wer weiß von wem...

Vom Wasser aus eröffnet sich ganz andere Sicht auf die umliegenden Ufer, große alte Eichen dominieren nicht unweit der Stelle, an welcher ich es mir gemütlich gemacht habe. Ein Blesshuhn trompetet einen heiseren Schrei und taucht ab, als ich ihm zu nahe komme. Mich im Wasser drehend, erwarte ich das Auftauchen, doch meine Geduld wird lange auf die Probe gestellt. Da endlich kommt es wieder hoch, eine erstaunliche Strecke entfernt.

Inspiriert gleite ich unter die Oberfläche und blicke beim Schwimmen unter Wasser in die dämmerige dunkelgrüne Tiefe. Beim Luftschnappen erkenne ich, nicht mal ein Bruchstück der Strecke des Blesshuhns geschafft zu haben. Langsames Zurückdümpeln auf dem Rücken, mit Blick in den Himmel oder auf Bäume ringsum. Fast kein Mensch, dafür umso reicher an Tieren und Natur.

Endlich wieder Sand unter den Füßen, wate ich an Land, von welchem mir erschrockene Frösche entgegenspringen ins sichere Naß. Leicht rauschen und wiegen sich die Rohrbomben im Wind. Abtrocknen, hinlegen, schauen, träumen und genießen.

Mit einem lauten Klatschen fällt ein großer Räuber auf Beutejagd zurück in den See, keine 20-30 m entfernt. Die Frösche haben sich wieder eingefunden und äugen mißtrauisch in meine Richtung, regungslos im Falle der Gefahr zum rettenden Sprung bereit.

Holzsuche im Wald, bald flackert lustig ein kleines Feuerchen, umsäumt von Steinen, aus Schutz vor Ausbreitung und auch aus Gründen der Erinnerung an frohe Kindertage.

Der Sänger auf der anderen Seite spielt wieder, so fällt die

Zubereitung des Abendessens leichter. Zum Abschluß ein paar Kartoffeln in die Asche, der Sonne „Gute Nacht" sagen, den Wein entkorken und den Mond begrüßen.

Ein paar Zweige nachhegen, die gelb-roten Flammen fressen die Dunkelheit der Dämmerung. Die Nacht kann kommen, der Laternenmann hat die tausenden kleinen Sternenblinker am tiefblauen Himmel schon angezündet. Leise knistert das trockene Holz sein Lied von der Ewigkeit, und so laufe ich nochmal zum Auto, den immer griffbereit dort deponierten Schlafsack zu holen, denn ich habe beschlossen, noch einen Tag zu bleiben.

Buk

Meine Verehrung Buk,
besoffen in einem
angehaltenem Auto,
las ich das erste Gedicht
von dir,
dabei meine erste Liebe.
Die Liebe verging,
von dir lasse ich nicht,
Freund.

Nebel

Wenn sich der Nebel wieder ans
Fenster schleicht,
ein letztes goldenes Blatt
am Baum,
der Herbst vorbei,
kommt es wieder, das Schwarze,
habe Angst davor
und liebe es.

Der Traum meines Hundes

Da liegt er, der zuckende, fiepende, an Schnauze
ergraute, langjährige Begleiter.
Was träumst du? Von großen Zeiten der Jugend,
Kämpfen mir Rivalen, spannenden Hasenjagden?
Von Liebesnächten mit für dich so gut riechenden
Hundefrauen, daß du für Tage dein Heim vergaßt,
keinen Hunger verspürtest?
Oder von Freunden, welche schon längst in den
ewigen Jagdgründen der Hunde sind?
Träume nur ruhig, mein Freund, bis zum letzten
Tag wirst du nach der gefüllten Schüssel ein
warmes Plätzchen zum Träumen bei mir haben.
Geringes Zeichen der Dankbarkeit für Blicke
deiner treuen braunen Augen, deines Daseins
für mich, von mir.

Nachtgedanken

Als ich von der Spätschicht kam, die Nacht schweigend und lichtarm,
sogar die Schritte auf den kleinen Steinen der Straße störten die
nächtliche Ruhe, schlich ich nach Abwurf der Arbeitstasche als erstes
in die Küche, um eventuell doch noch was Leckeres vorm verdienten
und notwendigen Niederlegen zu erwischen. Der Kühlschrank war
fast leer, nichts Verlockendes zum Genießen, kein kleiner feiner
Snack. Okay, dachte ich, dann gehst du wenigstens noch in Ruhe auf's
Klo. In Gedanken versunken verrichtete ich mein Geschäft, doch der
Griff zum Papier ging ins Leere, die nackte Rolle grinste mich an.
Nach Erledigung dieses Problems trieb mich die Sucht, mir doch noch
etwas Gutes tun zu müssen, erneut in die Küche, doch auch diesmal
wurde ich nicht fündig. Dafür stand in der Spüle eine Schüssel mit
Wasser zum Abwasch bereit. In ihr schwamm ein einzelnes kleines
Blatt, ein Blatt der Robinie, welche vor unserem Haus steht. Da dachte
ich, geh lieber schnell ins Bett –
und fühlte mich – wie das Blatt.

Nach Jahren

Nach tausend Toden,
genommen des damaligen Idealismus,
bekam ich dein Bild
in die Hände
und starb nochmal
tausend Tode der Erinnerung.

Symbiose

Der Wind und der Geruch der Luft machten mir gestern das
herannahende Ende des diesjährigen Sommers bewußt und so nutzte
ich die Zeit, um noch einmal diesen kleinen Baggersee zu besuchen,
um letzte Tage, gefüllt mit Sonnenschein, der leichten Brise, welche
dicke weiße, vereinzelt am Himmel treibende Wolken in Form und
Standort veränderte, zu genießen.
Das Wasser schon frischer, durch Nachtkühle und den Regen der
vorangegangenen Tage, war von herrlichstem, klarstem Grün.
Gegenüberliegend, am kleinen Steilufer, hatten sich Schwalben ihre
Nester in die senkrechte Wand gebaut und flogen, in der ihnen so
typischen Art, flink ein und aus.
Der im Hintergrund stehende Streifen dunkelgrünen Waldes bildete
einen Kontrast zwischen den Farben des Sees und dem kräftigen Blau
des weiten Himmels.
Leise plätscherten die kleinen Wellen ans Ufer und der Wind liebkoste
sacht und kühlend meine Haut.
Im Zusammenspiel der Dinge fühlte ich mich einvernahmt und
dazugehörig, als würde ich hineingehören in dieses Wunder. Und so
empfand ich auch in diesem Moment und dankte den Göttern.

Verfehlt das Ziel

Offenen Armen rennend
in blühenden Wiesen,
Vogelgezwitscher im Ohr,
erschlug mich die Erkenntnis
vom Mensch.

Der Blick

Arbeite neben dir, rede mit dir, sind ganz nahe –
und trotzdem siehst du nicht –
mein trotziges Gesicht...
Wie du denk ich, wie du fühl ich, die Lefzen etwas höher,
die Reißzähne etwas spitzer, und das Knurren etwas
lauter – das mein Gesang.
Versteh's, Geduld ist nicht das meine.
Und bin wie du vom selben Rudel –
Ehrlichkeit will ich,
und Gerechtigkeit, obwohl schon angegraut das Fell.
Bin eingesperrt wie du, so lass laufen deinen Blick
nach draußen, wo wir auch sein mögen,
egal ich seh's...
Und leider ist's weit weg.

Die zweite Sandbank

Bis zur ersten Sandbank kann man laufen,
dann schwimmend zum weit draußen gelegenen, helleren
Streifen im angenehm kühlen, in sanften Wogen gen
Strand eilenden Wasser.
Endlich finden die Füße den von der Wasserbewegung
leicht geriffelten Sandgrund.
Verschnaufen und danach tauchen: Mit offenen Augen
über den Grund gleiten, die ständig wechselnden hellen
Lichtreflexe der einfallenden Sonne im hellgrün
klarsten Naß beobachten.
Mit den Händen leicht über die kleinen Wellen am
Boden streichen und Fontänen von feinsten Sandkörnern
aufwirbeln.
Lautloses Vergnügen in einer anderen Welt,
zwar stumm, doch optisch umso reicher.
Fasziniert beobachte ich das Treiben am Grund,
eine Haarsträhne streicht mir leicht über das Gesicht,
schwebend, federleicht jede Bewegung im so erfrischend
Kühlen, daß fast vergessen das Muß des Atmens und
mit letzter Kraft erreiche ich die vom hellen Licht
reflektierende Wasseroberfläche, um tief die Lungen
mit salziger Meeresluft zu füllen und sofort danach
noch einmal in diese märchenhafte Welt abtauchen
zu können.

Den Schlüssel drehen

Vor jemanden den Schlüssel im Schloss zu drehen
ist schlecht,
hinter ihm noch schlechter.
Besser man kann aufdrehen und ist so.
Aber – es gibt Phasen, Punkte, wo es ganz wichtig ist,
das Zudrehen.
Stehst davor, ich dahinter.
Morgen ist es besser und aufgedreht.

Früher

Früher waren die Drinks stärker,
das Mondlicht romantischer,
die Gespräche interessanter,
die Nächte länger,
die Musik besser,
die Diskussionen heißer,
die Ideen ausgeflippter,
die Verantwortung geringer,
die Freunde zahlreicher,
der Sex öfter, die Zigaretten stärker,
und –
das Denken an die Zukunft nicht da.
Ja, ja früher.

Blickwinkel

Wie liebe ich diesen Anblick,
den durch's Fenster gebrochenen Mondlichtstrahl
auf tausend schimmernd Katzenaugen der Decke,
auf einen Teil des Regals, in dem steht,
was andere meinten, und manche davon treffend,
ähnlich dir fühlend, verwandte Seelen.
Hab diesen Blick als letztes vor dem Augenschließen,
brauch ihn, denn seh ich ihn, weiß ich, gut im Bett
zu liegen, kurz vor dem Abtauchen in andere Welten.
Und nun fehlt nur noch das zufriedene Brummen
meines Hundes zum endgültigen Weltenwechsel,
welcher nötig ist, um den morgigen Tag zu meistern
und mich schon wieder auf den Blick zu freuen.

Auf der Landungsbrücke

Gutes Gefühl, weit draußen zu stehen,
unter einem die glucksenden, in großen Bergen
gen Strand stürmenden Wassermassen.
Die Sonne gerade dabei, den Tag zu beenden und
dem Mond das Feld zu räumen.
Der Himmel überzogen mit Farben, so schön,
nicht wiederholbar durch Menschenhand.
Und um einen herum sich perfekt im Wind wiegende,
kreischende Möwen.
So gut, daß man kurz davor ist, vor Überschwang
der Gefühle zu schreien, wäre da nicht
die Scham vor den anderen.
Kaum waren die letzten Reste des glutroten Balles
im Wolkenbett verschwunden, war mir, als wäre das
vorher mit gleißendem Gold überzogene Wasser
schwärzer, der Wind stärker und kälter
und es wurde ungemütlich.
Und bei der aufkommenden Ahnung, was wäre,
hätten wir unsere Sonne nicht mehr,
ging mir ein Schaudern den Rücken hinunter und
ich bekam eine Gänsehaut.

Und als die Wildenten flogen...

Sah sie über mir in V-Formation ziehen,
hörte ihre heiseren Rufe,
erinnerten mich an das oft gespielte Spiel der Gedanken
vom Leben in unberührter Natur,
im Einklang mit Allem,
mit Tieren und Bäumen und was es sonst noch gibt
zwischen Himmel und Erde.
Da war der Traum wieder da,
vom Leben mit der Natur und nicht gegen sie.
Da gab es kein Geld mehr, keinen Stress und keine Macht.
Keiner wußte von Lügen, von Raub und von Mord.
Die Jahreszeiten bestimmten den Rhythmus des Lebens und
die Sonne, ob Tag oder Nacht.
Unerschütterlich, ruhig und gleichmäßig zog die Zeit vorbei,
im Gleichklang von Seele und Körper mit großer innerer
Kraft als Teil vom gesunden Ganzen,
ich mit dabei.
Lange nachdem der letzte Schrei der davonziehenden
Wildenten verklungen,
kehrte ich unfreiwillig aus meinem ach so schönen
Tagtraum zurück,
und begann meiner Beschäftigung wieder nachzugehen.

Rund

Nicht nur rund das Kinderplanschbecken im Garten,
nein, auch das Gefühl, mit angehaltenem Atem,
halb schwebend,
mit jedem Ein- und Ausatemzug die Sichtwinkel verändernd,
zu sehen über mir, weit, in Schäfchenwolken,
Vögel, mit der Hoffnung, es seien Lerchen,
weil deren Gesang am Schönsten und erinnert an
unbeschwerte, glückliche Tage der Kindheit.
Wasser um mich,
angenehme Kühle des Elements,
welches für mich die meiste Kraft beinhaltet.
Stunden könnte ich so verbringen,
bis mir das in die Augen laufende Wasser verrät,
daß ich träumend, offenen Blicks fast absauf –
und mit einem glücklichen Glucksen verläßt eine
Luftblase mein Ohr.

Sommernacht

Ruhe finden im nächtlichen Garten,
die Kirchturmuhr entfernt drei Schläge tun hören,
bis zur vollen Stunde noch ein Viertel fehlt.
Die Amseln sind schon zu Bett gegangen und
dem Mond fehlt nur ein Strich zum Rund.
Leise raschelt der Wind in den Blättern über mir,
weit weg das Brummeln eines Flugzeugs in den Wolken,
was Fernwehsüchtige ans ersehnte Ziel bringt.
Frieden machen mit dir selbst,
Minuten genießen, nicht hetzen müssen.
Die Probleme, die kleinen, der letzten Tage und
die noch zu erledigenden der nächsten aus
leichterer Sicht bedenken, planen und ordnen.
Treiben lassen der Gedanken beim Flackern der Kerze
und schon auf das gemeinsame Frühstück am
nächsten Morgen freuen.

Bach

Bißchen betrunken Bach hören,
und bißchen weiter trinken,
verschlägt es einem die Sprache ob soviel Genius.
Gott sei Dank verschlägt es einem bloß die Sprache,
das Sehen braucht man eh nicht,
da man bei dem Genuss die Augen zu hat,
um zu sehen...
Das Wichtigste,
mir hat es das Gehör gespitzt, geschärft –
zu fühlen das Unwiederholbare.

Dank

Dank dir, Buche,
für eine Stunde Rast und Erholung zu deinen Füßen.
Du warst selbst schon in Erwartung des Schnees,
hattest die Erde zu deinen Wurzeln mit sommergewärmtem
Laub knöchelhoch bedeckt,
nur wenige bunte Blätter hätte der Wind noch
pflücken können.
Gabst mir eine Stunde Rast mit Blick in dein Geäst,
sich wiegend im tiefen Blau des vielleicht letzten
Sonnenspätherbsttages des Jahres.
Die Arme nach beiden Seiten ausgestreckt,
mit den Fingern in deinem schon dürren Laub raschelnd,
fühle ich mich eins mit dir und hoffe,
du wirst weitere hundert Jahre den Verstehenden,
unter dir Verweilenden nach einer Stunde mit
neuer Kraft entlassen.

Meine Kastanie

Wie immer, sieht man etwas Stachliges,
hütet man sich davor.
Sieh, die Frucht der Kastanie – entstanden aus
frühlingslieblicher, allerseits erfreuender
Blütenkerze, entsteht unter der Wärme des Sommers
eine grüne stechende Kugel.
Nach gewissen Reifeprozessen, welche nicht näher
beschrieben sind, wird offenbar,
in dieser wehrhaften Hülle verbirgt sich Kostbares,
welches erst nur durch einen kleinen Schlitz
sichtbar ist.
Öffnet sich dieser weiter, wird glänzend, blendend,
der Kern der Sache teilweise erkennbar.

Endlich gefallen, öffnet sich der Schleier des Ganzen –
ein in Maserung und Farbgebung,
eingeschlossen einer weichen, verletzlichen Stelle,
perfektes Ding.

Phantastische Natur.
Und jetzt glaube ich, habe ich ein Gedicht über
meine Frau geschrieben.

Einsatz

Gerufen zum Helfen,
schwierige Aufgabe, diese hohe Tanne zu fällen,
stehend zwischen Wohnhaus, Gartenlaube und
Garage am Hang.

Beladen mit Ästen weit und schwer.
Begutachten, abwägen, dann – ein Entschluss –
nur mit Kappung der Spitze ein Fällen möglich.
Eine Leiter wird angestellt,
der Mutigste ersteigt dieselbe und beginnt
lastige, ausladende untere Äste zu trennen,
Arme zu entfernen.

Er steigt im Astwerk nach oben,
bringt ein Seil an, zum Ziehen in die Fallrichtung –
Tod auf Raten,
und dorthin muß der Leichnam fallen,
ansonsten gefährdet das sonst so sichere Heim.
Die Zähne der Säge schneiden sich schnell und
unerbittlich in den Stamm,
das Seil wird bis zum Zerreißen gespannt,
ein Ächzen, Knirschen,
gleich einem Laut des Aufgebens,
wird kurz hörbar,
und mit langsamem, gleichsam beugendem Stöhnen
fällt die, mit Mengen grüner Zapfen,
welche gedacht zum Vermehren,
vom Wind in nähere Umgebung getragen zu werden,
beladene Spitze.

Nun, der Würde geraubt ein Freudenschrei.
Der erste Teil geglückt.
Das weitere kein Problem, ein zweites Teil wird
angeseilt, entastet, quergeschnitten und entthront.

Der Rest ist eine Kleinigkeit,
den starken, gesunden Hauptstamm zu fällen.

Die Motorsäge kreischt, Späne fliegen –
der Keil gesetzt, von hinten der Todesstoß.
Er fällt, ja er fällt, endlich,
und er fällt richtig.

Dann – kann man sich setzen auf den Stumpf,
und blicken auf den baumlosen gegenüberliegenden Hang.
Sieg.

Anfang Mai

Im Garten sitzend, nachts, nach dem Regen,
die anderen sitzen drin,
bewundere ich die Luft,
tief die Klarheit und Frische einatmend,
finde ich nichts toller,
als die Wandlung des vor drei Tagen noch
kahlen Baumes.
Geburtsfrisches Hellgrün,
und nur Tage wird es dauern,
dann sind seine Blätter grün und spenden
mir Schatten in der ersten Hitze des
angehenden Sommers.

Glocken

Kirchturmglocken hören,
damals die Glocken einer der zahlreichen Stadtkirchen,
in deren Nähe ich wohnte,
jene nur Sonntag halb zehn zum Gottesdienst,
meist störend, da die Samstagnächte in jener Zeit lang.
Heute die zwei Glocken der Dorfkirche,
nicht nur läutend, um die Gläubigen zur Messe zu laden,
nein, auch und hauptsächlich mit erst dunklem die Viertel-,
halben oder vollen Stunden ankündigend,
dann helleren Tons die Zahl tönend.
Und unvergessen, die Riesen,
direkt vor mir, im Turm,
nach anstrengender Besteigung –
auf der Durchreise kurze Kulturrast machend –
Gedröhn endlos, erschreckend beeindruckend,
und noch halbstündig später summend im Ohr.
Noch zu erwähnen die vielfarbigen Geläute
der Hochgebirgskühe,
frei und froh die Freßlust verkündend.
Schön eine jede – und eigen,
keine gleicht der anderen, individuell,
gegossen von Menschenhand und niemand
kannte im voraus das Lied,
welches er schuf.

Und ich tu' es

Was ich tun müßte: Nimm den Rucksack im Frühling,
nimm wenig, nur gute Schuh und den warmen Schlafsack
- und ganz wichtig -
Nimm den Freund – deinen Hund.
Und nun wandert geschärften Blicks,
das Ohr offen für jeden Ruf des Waldes,
die Nasen im Wind, durch's schöne Land.
Nehmt das noch Heile in euch auf,
lacht mit guten Menschen, esst und trinkt mit ihnen.
Schlaft im Heu und vergeßt nie dessen Geruch.
Hütet euch vor Räubern, Wegelagerern und seid glücklich
über eure tiefe Freundschaft,
ob es regnet oder die Sonne brennt.
Seht nachts in den Sternenhimmel und vergesst die Zeit.
Sitzt am Feuer, wenn die Nachtkälte kommt und
baut euch eine Hütte vor dem ersten Schnee.
Was ich tun müßte...

Tropfen

Ins Weinlager gehen, selektieren, behutsam entkorken,
am Kork und Flaschenhals schnüffeln,
ein Lieblingsglas raussuchen, welches gerade
genügend für diesen Duft,
langsames Füllen desselben und abgerundet mit
passender Musik empfinden – Hoch-zeit!
Auch eine Vermählung, gleichsam einzigartig
und schön.
Goldgelb mit reflektierenden Lichtreizen lockst
du mich zum ersten Schluck.
Nicht zuviel versprochen, noch mehr als deine
Optik bietet die Entfaltung deines mühsamen
Werdeganges.
Und bringst mir die Sonne in den Mund,
und nach dem zweiten Glas auch in den Kopf.

Krokohaft

Einfach deformiert,
anstelle schlanker Eleganz mit geschmeidigen Bewegungen,
im Spiegel,
die Überreste einstigen Narzißmus.
Unförmigkeit, überhängendes Fett und Haarausfall,
die niederschmetternde Bilanz,
der Blick ins Gesicht – Falten,
die Zähne grau,
es ist vorbei - von außen -
doch dann der Blick ins Auge,
ganz nah am Spiegel,
dort blitzte es krokodilhaft bös und ruhig zugleich,
was soll's,
egal die häßlich schimmlig grüne Haut,
mit dieser Sach wird finden
ein Opfer sich.

Schönes Grün...

Auftauchen aus den Tiefen des Schlafes,
langsames Hineindämmern in den Tag,
zögerndes Augenöffnen,
noch blinzelnd hauen mich deine
lagunengrünen Augen, welche mich
„neugierig, abwartend, ja beobachtend"
ansehen, um.
Also sahst du, was ich träumte,
eigentlich Sachen für mich.
Eigentlich unverzeihbar –
wäre da nicht die Lagune...

Die Einhörner

Und zum x-ten Male stand sie da vor mir und fragte nach den Orten, wo sie noch leben würden, die Einhörner. Und zum x-ten Mal sagte ich meinem kleinen blonden Nymphchen, ich wüßte es nicht, und wenn ich es wüßte, würde ich es nicht verraten aus Angst um den geheimen Platz und das Wissen um ihre Scheuheit gegenüber Menschen. „Aber den Mann, der diese herrlichen Bilder machte, haben sie doch auch geduldet", und hielt mir als Beweis den Bildband über Einhörner vor Augen.

Nun, so will ich es dir sagen, wo sie leben, die schönen, edlen, scheuen Seltenen.

Mit dem Versprechen um Verschwiegenheit ein Leben lang, ausgenommen deine eigenen Kinder, wenn sie dich genau so bedrängen wie du mich.

Dort, wo der Mond immer rund und gelb des Nachts über dem finsteren, vom Wind zerzausten Wald scheint, dort, wo klares, sauberes Wasser über Kiesel murmelt und sich einen Weg bahnt in den dunkelblauen, von leichten Nebelschleiern verhangenen See, dort, wo sich grüne, saftige Wiesen in sanften Wellen dem Horizont entgegen strecken, dort, wo noch keines Menschen Fuß hintrat (ausgenommen des Fotografen, welcher aber so vertraut, daß eher er schon zu ihnen zählt als zu uns Menschen), dort versteckt hinter den Bergen, wo wenn der Mond zu Bett geht, die Sonne gerade aufsteht, dort, wo die Tiere und Pflanzen in Frieden und Freundschaft miteinander leben, dort leben sie, die letzten der Einhörner. Und keines Menschen Fuß wird je Zutritt finden zu diesem Paradies, denn dann wäre es bald keines mehr, es sei denn, der Mensch ändert sich und möchte Bruder und Schwester werden, ein Teil des Ganzen. Aber daran glauben die Einhörner noch lange nicht.

Unterm Dach

Die erste eigene Wohnung im Bürgerhaus ganz oben 5. Stock, die
auch später immer knarrenden, breiten und grobgeschnittenen
Dielenbretter gestrichen, die kleinen mit Schrägwänden ausgestatteten
Zimmerchen tapeziert,
in der Küche ein Waschbecken mit Heißwasserboiler und in der Stube
ein neues Öfchen installiert.
Ein Bad gab es nicht.
Unkomplizierter Umzug, Einzug.
Man hatte nicht viel.
Im Schlafzimmer, im Eck unter den fast schießschartenähnlichen
Fenstern, so schmal waren diese,
das Matratzenlager am Boden, als Träumebringer und Behüter des
Schlafes und manchmal auch der Liebe.
Die Toilette eine halbe Treppe tiefer,
auch der Nachbar mußte sie nutzen,
so horchte man bei Bedarf ins Treppenhaus,
um Störungen zu vermeiden.
Winziges Fenster mit Blick auf ewig breite Gleisanlagen, auslaufende
Gleise aus einem der größten Sackbahnhöfe Europas.
Dort wurde Tag und Nacht rangiert,
fuhren Züge vorbei in mehr oder minder Entfernung und damit auch
mehr oder minder laut, in unterschiedlichste Richtungen. So konnte
man bei der Sitzung seinem Fernweh frönen und versuchte, die Ziele
der vielen Züge zu erraten, beobachtete das lebhafte Treiben.
Im Sommer heizte sich die Luft unter dem Dach so auf, nicht der
Durchzug noch die Nachtkühle konnten Erleichterung bringen. So
schlief man nackt und schwitzte trotzdem, auch ohne Anstrengung.
Eine Klingel gab es nicht, so klopfte jeder Besucher, Gast oder
Postbote an der mit Telegrammzetteln übersäten Tür. Und es wurde
viel geklopft.
Selten ein Abend allein verbracht.
Aus heutiger Sicht mit Bedauern, Mitleid, für die ältere Frau unter
mir, welche mit sämtlichen Musiken der Nach-Flower-Power-Genera-
tion konfrontiert wurde, und das zu laut.
Im Winter bullerte der kleine Ofen in der Stube, mußte die ganze
Winzigkeit heizen, so fielen täglich zwei Eimer Asche zum Runter-
und vier Eimer Briketts zum Hochtragen an.

Und trotz aller Mühsal, es war der erste Schritt in die Abnabelung,
Selbständigkeit, Selbstverantwortung.
War eigentlich auch immer gemütlich, trotz aller Improvisation und
Unzulänglichkeit.
Denke gern und mit einem warmen Gefühl an diese Wohnung zurück.

Beim letzten Besuch in Leipzig, trieb die schon lange in mir
drückende Neugier mich hin,
in diese Straße hinter den Gleisen,
aber nur schwarze, teilweise eingeschlagene Fensterhöhlen grinsten
mich an, und die Tür zum Haus war vernagelt.

Mit den Göttern Prost trinken

Der Abend war wunderbar, Sommernacht,
wie erträumt in Wintermonaten, Tagen grau,
die Hitze des Tages wich der Wärme der Nacht.
Beim Kerzenlicht zusammensein,
und so fühlen, zusammen.
Gespräche, mit Erinnerungen, an gute Tage,
an schöne Stunden. Harmonie.
Der verlöschende Grill knistert das Lied vom
verzehrten Fleisch, und die neuen Tomaten
sind am Reifen.
Momente, in denen niemand geht,
rund und satt und selten.
Als, schon in den Morgenstunden, die Plätze leer
wurden, das letzte Glas, allein am selbstgezimmerten
Tisch, liegend auf der Bank, mit Blick ins grüne,
volle Laub der über mir hängenden Äste,
wollte ich euch endlich danken, ihr Götter,
und erhob mein Glas, rubinschwer, gen Himmel
und sagte: „Prost, ihr Götter, und, ich danke euch!
Ihr sitzt im Olymp und ich liege hier, auch ich
hatte Nektar heut und dafür dank ich euch."

Ungern verließ ich der Sterne Blinken, der Nacht
leise Geräusche, das Fallen eines Blattes, das
Rascheln des Igels, oder was es auch immer war.
Das entfernte Bellen eines Hundes und sogar das
Brummen des letzten Busses aus der Stadt gehörten dazu.

Die Nacht wird kurz, der morgige, heutige Tag
wird pflichtig.
Unwichtig. Das jetzt ist's, und besser kann's
nicht sein.

Die Kiefer

Gekauft im Topf, als Baum zu Weihnachten,
für ein, zwei Wochen, zum Schmücken
und die Geschenke darunter legen,
zur kurzen Freude, eigentlich mißbraucht,
pflanzten wir dich ein.

Heute ist nicht Weihnachten, und du machst
mir mehr Freude als zu diesem Fest,
mit jedem weiteren Astring im Frühjahr,
mit jedem Maiwuchs.

Inzwischen bist du dreimal größer als ich,
gibst mir täglich Freude,
viel besser als ein, zwei Wochen.

Und zeigst mir das Vergehen der Zeit.

Satzzeichen

Des trockenen Maules innerlich Glutbrand
mir verbrennt die Seel.
Eines bedingt das andere.
Der Einigkeit, Unverständnis,
obschon gleichlaut,
das Hoffen, Warten, nutzlos.
Keine Hilf, ungezählt
die einsamen Gerstenabende.
Gleich dem jüngsten Gericht –
was es auch sei, wüßte nicht,
was noch zu richten sei,–
verrichtet wurde schon und –
durch, gerichtet, wird sein
mein aufgelaufenes Neben-Dir.
Offene Hände – getrotzt.
Schleich dich. Nicht mehr
Darsteller im schlechten Dram.
Der Punkt beendet den Satz.
Punkt.

Maul

Offenstehende Mäuler verbinde ich mit
Kindheit, Unfaßbarem, Zauberglück.
Deinem heutigen offenen Maul nach
zu schließen, wäre mein Gesagtes
ideal gebracht.
Das dem nicht so war, wußte ich.

Nun, nicht verstanden,
den staunend oder sagend,
wollenden Ausdruck deiner
offenstehenden Lippen deuten könnend,
fragte ich dich,
worauf prompt dein Maul sich schloß.
Kurz.
Jetzt weiß ich, es steht meist offen,
dein Maul,
wenn es sich nicht zuviel bewegt.

Haare

Neben mir hängt mein Zopf, dünn und lang,
sauber geflochten und oben vergummit,
an meinem Schreibtisch.
Schöne wehmütige Erinnerung an Zeiten, als man sich
über dieses Thema nicht mal Gedanken machte.

Heute macht man sich Gedanken über Schuppen
und Glatzen und hofft, daß fehlendes Äußeres
zu ersetzen sei mit Erfahrung und Wissen.
Scheiße.
Man war damals schon so schlau.
Also ist man letztendlich der gleiche Depp geblieben,
ob mit oder ohne Haare.

Der Fuchs

Der Fuchs – listiges, schlaues und scheues Waldtier,
auch bei uns heimisch und das schon lang.
Sogar die Fabeln erzählen viel von ihm,
dem cleveren Reineke.
Nun, glaube ich, ist die Zeit gekommen,
da er seinen Meister fand, wie auch übrigens
die anderen Tiere des Waldes.
Fuhr ich neulich auf einer dieser Autobahnen,
lag er doch dort am Fahrbahnrand, als ob er schliefe,
unser roter Freund.
Und ich ahnte seine Finte, den großen Bluff,
Täuschung gehört zu seinem Metier.
Trotzdem wollt ich mich überzeugen,
vielleicht hätt' ich ihm eins drehen können?
Kam aber zu ihm, und er war wirklich tot,
richtig schad fand ich's,
kein Spielchen mit ihm treiben zu können,
so tot war er.
Hoffentlich treff ich ab und an noch paar lebende,
zum Zeigen, wo's lang geht,
auf der Autobahn.

Hundszeit

Möchte zur Zeit nur sitzen, sitzen im nachtdunkeln Garten, Zeit der Ruhe, um Gedanken ziehen zu lassen und sich über Gefühle klar zu werden. Möchte die schon im Kalender vermerkten anstehenden Termine der nächsten Tage nicht wahrnehmen. Nur sitzen unter den ausladenden Ästen, deren Blätter sich hell gegen den dunklen Himmel abzeichnen. Ruhe hören, Ruhe fühlen und langsam wieder einkehren lassen. Zeit haben für die Trauer um meinen Hund, wichtiger Partner meines Lebens der letzten vier Jahre. Täglicher Begleiter durch gute und schlechte Tage, Tröster bei Kummer, Ruhespender bei Stress, durch unaufdringliche Aufforderungen, doch mal wieder beim Waldspaziergang in zwei Stunden die Unwichtigkeiten der manchmal so vordringlich wichtig erscheinenden Dinge zu begreifen. Zufrieden brummendes Geräusch ausstoßend, wenn endlich das Licht nach den letzten gelesenen Seiten gelöscht wurde und die restliche Nacht dem Schlaf geopfert wurde. Friedlicher Freund ohne jemals schlechte Laune, immer fröhlich und ausgeglichen. Temperamentvoll, beweglich und ästhetisch anzusehen, weich anzufassen, zu streicheln. Fähig, Liebe zu geben, und dies zu zeigen, ebenso wie diese zu nehmen.
Nur die Zeit kann über diese Wunde der Seele, welche dein Tod riß, eine Decke legen, gleich dem ersten Schnee des angehenden Winters, welcher Flocke um Flocke, Körnchen um Körnchen aufeinander, aneinander fügen muß, um eine zusammenhängende Bedeckung der Wiesen und Wälder zu erreichen, muß die Zeit, ein Tag, ein Termin, eine Erledigung nach der anderen, diese Wunde mit Vergessen füllen.
Und trotzdem möchte ich nur sitzen, sitzen im nachtdunklen Garten, um Zeit zu haben und Ruhe zu haben, mich verabschieden zu können von dir, in Achtung, in Dankbarkeit und Liebe und Trauer.

Schiene

Die Sekunde Zeit zu nehmen,
hattest du nicht,
vorverurteilt, getrunken,
ohne Wissen, Verurteilung tödlich,
gestorben, Worte,
wozu kitten, was zweischienig lief,
parallel nebeneinander,
zwar konform, doch nie treffbar...

Nebelboddenfahrt

Lastiges, bis auf die Erde drückendes, feuchtes,
undurchdringliches Weiß.
Schon der Weg zum Bootssteg schwer zu finden.
Klarmachen der Jolle, Notwendiges an Bord räumen,
ablegen.
Erste Ruderzüge ins Nichts.
Schnell schwindet der Schilfgürtel aus den Augen,
verloren denselben,
schleicht sich schon eine schaurige Gemütlichkeit
ans Herz.
Orientierungslos.
Innehalten mit Rudern, die Wassertropfen rinnen am
Paddel entlang und tropfen,
ohne Widerhall, in ihren Ursprung.
Gleiten, ohne es zu spüren.
Lauschen in die Lautlosigkeit.
Dann – ein sich näherndes, undefinierbares Geräusch,
Schnell lauter werdend.
Und keine zehn Meter, unbeirrbar sicher,
mit starken, fast pfeifenden Flügelschlägen,
in V-Formation, ziehen die Schwäne über mir dahin.
Ein heiserer Schrei, vielleicht als Warnung,
oder Mitteilung, und folgende Rufe der dahinter
gereihten.
Unverständliche Sprache für mich, aber trotzdem empfindend,
als signalisierten sie mir, den Irrsinn des Wagnisses
meiner Fahrt.
Tief berührt harrte ich noch Minuten in Bewegungslosigkeit,
in Hoffnung auf weitere Begegnungen,
aber nichts störte mehr das Nichts.

Auf's Eisstöckeln freuen

Fuhr heute vorbei, am Weiher, welcher zur Zeit
mit buntbemalten Bäumen geziert.
Nicht mehr lange wird es dauern, die Farbe am Boden,
verblaßt, die Bäume kahl, ein erster leichter Spiegel
über dem Wasser,
freue ich mich schon auf freie, klirrend kalte
sonnige Tage in Weiß.
Eingemummelt, am Herzen den mannhaft flachen
Innerlichwärmer dabei, welcher gebraucht, um den eisigen
Böen zu trotzen, wird gewildelt, trägt das Eis endlich.
Eisstöcke fliegen über die ausgeräumte Fläche, prallen
aneinander mit dem ureigensten Geräusch, was, weit zu
hören und unverkennbar, weitergetragen vom starken Eis
und dem Wind.
Heftige Diskussionen, das Maßband ständig parat, im
Moment ist nichts wichtiger als der zählende Stock.
Jubelrufe und erregtes Hinweisen, was zu tun sei, um
zu sprengen den friedlichen Block, schallen übers Eis.
Käme die Dämmerung nicht schnell, weitere Stunden
vergehen würden im aufgeregten Hin und Her.
So zieht man Fazit im Geldbeutel und vereinbart eine
Friedenshalbe beim Wirt.
Und freut sich schon wieder auf das nächstemal.

O-Arzt

Du lebst neben mir, bla bla bla,
täglich, Austausch nötiger oder
eigentlich unnötiger Informationen,
erregtes Hinweisen auf Dinge, die
meine, deine Bemerkungen betreffende
Nulllinie übertreffen.
Infoflut. Endlos.
Wäre es so gut verpackt, so inhaltsvoll,
so geil, mein Gehör, gespitzt.

Nun muß ich meinen nächsten
Ohrenarzttermin abwarten.

Letzte Kippe

Schon akklimatisiert, nach der wiedermal
stressigen Spätschicht, schon fertig für's Bett,
im gewohnten Nachtlook, T-Shirt und Bermudashorts,
noch schnell eine Hecheln gehen, vor die Haustüre,
um nicht zu stören mit lästigem Rauch,
Gewohnheit seit Jahren, eingespielte Rücksichtnahme
seit Geburt unserer Tochter – entdecke ich –
es ist Vollmond, Herbstvollmond.
Wolkenfetzen treiben unter dem gelben Rund dahin
und die Laterne beleuchtet den Strauch, dessen
Namen ich nicht mal kenne, aber seine jetzt schon
roten Blätter sehr mag.
Der Wind ruft aus den Bäumen den Gesang der sich
brechenden Wellen hervor und entlockt mir ein
„Herrlich", bei dem Gedanken, ins kuschelige Weich
zu kriechen und mich einer anderen Welt zu überlassen.
Zeit, zu tauchen, bis morgen, und das bei Herbstvollmond
und Bäumen, welche Blätter geben müssen, weil es Zeit
dazu ist.
Im Bett muß ich nichts geben, aber meine Blätter
gab ich heut schon auf Arbeit.

Suche

Ich suche die Nacht, um in den Weiten
der Träume den so bedrückenden Sorgen,
Ängsten, Nöten und Schnelllebigkeiten
des Alltags zu entgehen, begegne in jenen
größeren, welche aber – ich danke dir,
nachtruhiges, unabgelenktes Gehirn,
in den meisten Fällen gelöst, geklärt werden
oder im Nichts verschwinden.
Manchmal sogar voll Wandel sind und die
wundersam schöne, wenn auch oft skurrile,
Seite mancher Sache aufzeigen und Lösungen
kinderleicht, gleichsam spielerisch.
Und weil dies momentan fehlt, suche ich
die Nacht.
Und an die Scheibe klopft der Regen.

Trauma

Der Katze Kopf im spitzen Eck
der Klammer-Würge-Griff am Hals
der Schling schon fast am Ziel
der glühend Hass im hellen Strahl
und weil
das hüpfend Glück im Herz.

Die alte Platte

Besoffen bin ich – und
siebenmal gescheit –
scher dich ins Bett, du Arsch.
Nein, nein, brauch noch bissel von
der schönen alten Musik, brauch
es, noch bißchen drin zu sein in
dem früheren: Wo die Wiesen besser rochen,
der Tag früh viel besser schmeckte,
der Freund offenen Auges die Blicke ertrug,
die Katze noch nicht räudig war, und man voller
ungeahnter Liebe zu dem ganzen Scheiß war.
Erinnerung an Zeit voller Kraft, an Hass und
starke Liebe, aufgewacht früh in der Besenkammer
des Hochhauses, neben dem Fahrstuhl, in der man
liebte, was man erstmals im Leben richtig liebte...
Erinnerung an leere Mansarden, die Kiste zum Setzen,
die Matratze als Schlafzimmer,
und die Kerze tausend besser als Licht...

Nein, nein, brauch es noch bissel, zum Aufbau,
bin zwar schon stärker, doch damals war ich stark
und heute bin ich schwach – ich weiß es.
Leider – und deshalb lege ich die alte Platte auf...

Urlaubsausklang

Auf dem weiten Heimweg von den Lofoten, gelegen an Norwegens
Nordwestküste, hatte ich gerade die Überfahrt von Oslo nach
Frederikshavn in Dänemark hinter mich gebracht, mit Genuss auf dem
Deck liegend, mit Blick auf weite Wasserflächen, glitzernd, ständig
Farbe und Form der Oberfläche wechselnd. Sanfte große Wogen
brachten das Schiff in leichte Schwingungen und die Maschine lieferte
ein Zittern dazu. Anlanden, auschecken, überschlagen der noch
verbleibenden Strecke. Nun ja, etwas über 1000 km noch. Fahrt über
Dänemarks reich befeldertes Flachland, Hamburg seitlich
liegenlassend, erreichte ich Mecklenburg-Vorpommern im
angehenden Abendlicht. Die Autobahn wenig befahren, wurde mir
mein tiefes Gefühl für diese Landschaft bewußt, rechts und links sich
ausbreitend, abwechslungsreich und satt und schön. Ständiger
visueller Reiz, eine Herde bunter Kühe auf fetten, grünen Wiesen, in
der Mitte eine dicke, alte Eiche, unter ihr die Tränke für die Tiere.
Kurz danach ein kleiner Park mit Windrädern, gute Energie liefernd
und nach meinem Empfinden durchaus passend in die Gegend. Das
Licht der sich zurückziehenden Sonne nahm an Farbintensität zu und
färbte die ohnehin schon rötliche Heidevegetation noch röter, leicht
wiegten sich die großen Flächen des reifen, sattgelben Getreides im
Wind. Hoch oben am Himmel kreiste ein Pärchen Raubvögel auf
scharfsichtiger Suche nach dem Abendmahl. Und immer wieder große
alte Bäume, vereinzelt stehend, mit voll ausgebildetem Laub. Unter
einem von ihnen eine Pferdeherde in einer Koppel, kleine Fohlen
drängten sich an ihre Mütter. Pferde in allen möglichen Farben, braun,
weiß, gescheckt und schwarz. Vereinzelte Bauernhöfe versuchten ihre
roten Dächer in den leichten Wellen des Landes zu verstecken, als
duckten sie sich vor der übermächtigen Farbe des nun orangerot
gefärbten Himmels der Luft. Auf einem See, schilfbekränzt, ein
Angler im kleinen Boot.
Dünn besiedelte, naturbelassene Gegend, wie fünfzig Jahre
zurückversetzt, wäre da nicht die Autobahn, auf welcher ich fuhr.
Trotzdem gab mir diese Stunde Fahrt durch das von mir mit durchaus
heimatlichen Gefühlen empfundenem, kindheitsvertrautem Land,
Ruhe und Kraft, zu meistern den restlichen Heimweg.

Und sicher werde ich immer wieder dorthin zurückkehren.

Gauck-Behörde

Meine Freude, als ich von der Möglichkeit der ehemaligen
DDR-Bürger zur Erforschung, Erkundung, Aufarbeitung ihrer
vorhandenen oder nicht vorhandenen Akten der Stasi, ihrer ihnen
unbekannten behördlichen Vergangenheit hörte, war groß, gleich der
Neugierde ob des Inhalts.

So stellte auch ich Antrag auf Einsicht, nicht wissend, welch
Prozedur, welch Maschinerie in Gang gesetzt wurde und wie oft ich
die Kalender noch wechseln würde bis zum unbefriedigenden
Ergebnis.

Nicht Rachegelüste noch Entdeckungsfieber von noch nicht geouteten
ehemaligen Informanten und Freunden, Wegbegleitern waren die
Triebfedern, nein, einfach Interesse, an welchen Themen die Kumpels
von der Runden Ecke gearbeitet hatten, und wie sie es formulierten,
zu Papier brachten, sowie eine Aufarbeitung der eigenen Jugendzeit,
viel der Unternehmungen, Reisen zu jener Zeit und so, vergessen
einiges.

Ein Zurückholen der Zeit in Stasi-Akten-Form, Kehrseite des
Spiegelbildes betrachten, Herauskramen von untergegangenen
Episoden, mein Anliegen.

Nach sich über Jahre hinziehendem Briefwechsel wurde Leipzig als
Einsichtsplatz für das nun endlich Gefundene ausgehandelt,
naheliegend, da ehemaliges Jagdrevier und Arena meiner Jugend.

Mit großen Erwartungen fuhr ich nach Leipzig und nach belehrenden
Worten, geleisteten Unterschriften wurde ich, gleich mehreren
anderen „Glücklichen" mit der Vergangenheit in Aktenform
konfrontiert. Ein jeder vertieft in seine mehr oder minder starken
Blätter, auf welchen verdunkelt Namen Dritter, aus
Datenschutzgründen, und jeder schüttelte ungläubig den Kopf, vor
sich die Unglaublichkeiten hinbrummend.

Leider bestand das bei mir so mühsam Gefundene nur aus ca.
30 Seiten über meine Republikflucht, Warnungen vor Fluchtgefahr
meiner Lebensgefährtin und ähnlichem, nichts über viele Jahre mit
vielen Freunden aus Opposition, Künstlerkreisen, WG-Zeiten – dem
eigentlich Gesuchten. Beim anschließenden Gespräch mit einem
Mitarbeiter der Gauck-Behörde erfuhr ich von der großen
Wahrscheinlichkeit über wesentlich umfangreicheres Material zu
meiner Person über zwei handschriftliche Vermerke in jenen

gefundenen 30 Seiten, des einen, den Vermerk über eine OPK-Akte –
operative Personenkontrolle bedeutend –, was gleichzusetzen mit
Abhören des Telefons, Ansetzen persönlicher Spitzel und
Beobachtung sowie ein Hinweis auf die KK in Berlin. Kerblochkartei,
wo gleich alten Spieluhren, ausgestanzte Teile die Informationen
geheim enthielten, nur zugänglich für die den Chiffriercode
Kennenden.
Obwohl ermüdet ob des Aufwandes und der Zeit, wurde meine
Neugier wieder angestachelt und so stellte ich erneut Antrag auf
Suche nach dem Rest.
Ähnlich viel Zeit ging ins, nun schon lange wiedervereinte Land, bis
bei ähnlichem Termin, in ähnlich sterilen ehemaligen
Vernehmungszimmern lakonisch die nicht Auffindbarkeit verkündet
wurde, desgleichen nicht ohne einen Hoffnungsschimmer zu lassen
mit dem Hinweis auf hunderte Säcke in vielen Kellern, welche dumpf
vor sich hindümpeln, bis einer sie öffnet und der brisante Inhalt zum
Vorschein kommt.

Nun ja, ein Silberstreif vom Mondlicht der Hoffnung am Horizont und
dazu das Geheul des Reißwolfes.

Auf dem Deich

Mit dem Fahrrad gegen den Wind fahren auf dem Deich,
welcher die Weiden der grasenden Kühe gegen das
Hochwasser des Boddens, ein Zurückholen von mühsam
trockengelegtem Land, verteidigen soll.
Das einzigartige sanfte Rauschen des Windes im
Schilfgürtel, synchron den Bewegungen der Halme.
Glitzernde große Wasserflächen mit vereinzelten
Booten, ein Segel am Horizont.
Nicht weit entfernt stolziert ein Graureiher im
knöcheltiefen Wasser und läßt sich nicht einmal
von den bunten Kühen stören.
Die Eberesche schon fast gebeugt von der Last der
vielen hellrot leuchtenden Beerentrauben.
Der Wind nimmt zu, treibt Wolkenfetzen jagend dahin,
zu einer sich bedrohlich verdichtenden grauen Wand.
Tieffliegende Schwärme von jungen Schwalben wechseln
ständig die Richtung, spielerisch auf Mückenfang.
Die Sonne strahlt ein fahlgelbes Licht, wehrt sich
gegen die verdeckenden Wolken.
Die Muskeln verhärten sich durch ständiges Antreten
gegen die Böen, und trotzdem, ein jubilierend Gefühl
mit Blick auf weites, herrliches Land und Wasser.
Die gebeugte, windzerzauste, einsam stehende Kiefer
erinnert mich, gleich mir trotzt sie dem Sturm.
Doch ich werde es schaffen ins schützende Trockene,
bevor die ersten schweren Tropfen die ausgedörrte
Erde treffen und werde bei offener Tür drinnen sitzen
und dem rauschenden Regen zuschauen.
Wahrscheinlich glücklich.

Punk-Konzert

Früher war's 'ne Ausflugskneipe und manchmal mit Disko, samstags abends bis maximal 12. Stätte zum teamhaften Treffen, Abhotten und einen Trinken.
So war die Spannung, den Laden nach guten 20 Jährchen mal wiederzusehen, groß.
Im Vorfeld die kritischen Bemerkungen, Kommentare der Vielen: „Da gehen doch jetzt unsere Kinder hin, Angst mußt du haben, daß Mitschüler deines Kindes dich grüßen: Guten Abend, Frau soundso! Machst dich doch zum Ei."
Die alten Freunde kamen doch mit, zusammen mit ihren Kindern, und der Identitätsstempel auf die Hand, für gezahlten Eintritt, hatte sich auch nicht geändert.
So verunsichert, guckte ich mir den Schuppen an, es war Schuppen geblieben, Outfit verändert, mit Halfpipe für Skater, mit zeitangepaßtem Innenfeeling.
Aber dann kam die erste Band, schon da kochte der Laden im ehrlichen Aufschrei der Musik, friedliches Miteinanderzucken nach Klängen, deren Phonzahl das damals junge Ohr nur ersehnen konnte, und wir uns damals nur erträumen konnten, um unseren Protest, unser Anderssein ausdrücken zu dürfen.
Auch die zweite Band erfüllte mehr als genug meine, unsere Vorstellung, zumal euphorisiert von der ersten Drinks und den alles umfassenden Vibrationen des Sounds.
Kochende, ständig in Bewegung eingepferchte, schwitzende Einheit von Gemeinsamkeiten. Stunden im umtosten Wirrwarr als gut zu empfinden, als wären Minuten vergangen, hätte ich nicht erwartet.

Anschließend, in einem der uns auch von vor vielen Jahren bekannten Wannenbäder, jetzt umgebaut als Kneipchen, noch paar Drinks zu nehmen, im Schwatz über vergangene und jetzige Zeiten, rundete diese Nacht ab, und mit einem glücklichen Grinsen auf dem Maul schlief ich dann endlich halb 7 ein, mit dem Gefühl, der „40" mal wieder für eine Nacht entkommen zu sein.

Morgens

Über Nacht hatte der Schnee alles zugedeckt,
nur sauberes Weiß, so weit der Blick reichte.
Und als dazu die Sonne noch aufstand,
trieb es mich hinaus.
Dampfende Wolken in die zwickende, frostige
Luft atmend und knöchelhoch durch stiebenden
Schnee stapfend, erreichte ich den verzauberten
Wald.
Wohltuende Lautlosigkeit, nur vereinzelt stilles
Niedersinken von zarten Kristallen, glitzernd
im schrägen Sonnenstrahl.
Dann der hohe, fast kreischende Schrei des im
leuchtenden Blau kreisenden Bussards.
Und plötzlich befreit sich die schon fast
schmerzhaft verkrümmte kleine Birke neben mir,
indem sie die Massen Schnee abschüttelt und
sich erleichtert aufrichtet.
Da ist es wieder, das Hochgefühl, inmitten
dieser Wunder zu sein, teilnehmen zu dürfen
an diesem Märchen.
Und ein glückliches Jauchzen entlockt sich
meiner Brust.

Das Dorf

Denke manchmal an meine Besuche in diesem verlassenen Dorf in der Nähe Leipzigs.

Seltsames Gefühl, durch Dorfstraßen zu laufen, wo früher Leben und Bewegung, bloß leere Fensterhöhlen, teilweise abgedeckte Dächer, und die früher sorgsam bearbeiteten Gärten genommen ihrer Schönheit durch mannshohes Unkraut.

Vor einem Haus, vielleicht das letzte intakte, ein Schild – zweisprachig, deutsch-russisch: „Dieses Haus ist noch bewohnt!" Stumme Erklärung an Plünderer des toten Dorfes, welche täglich einfielen, um nach noch Verwertbarem zu suchen. Letztes Auflehnen gegen eine Zwangsevakuierung vom ländlichen Idyll in genormte sozialistische Betonplattenbauweise.

Die Leute erzählten die Geschichten von den Alten, welche nicht einfach das lang Gelebte und Geschaffene verlassen konnten und am Unverständnis zerbrachen. Lieber den Tod, als alles, was man schätzte und liebte, sein Haus und Hof, die Nachbarn, den Krämerladen, das Dorfwirtshaus und die Felder herum – das eigene Leben, den gierig schon in der Ferne kreischenden Schaufeln des gefräßigen Großraumbaggers zu opfern.

Nachdem die Braunkohlekumpels Millionen Tonnen Erde unter dem verschwundenen Dorf zur Freilegung der Flöze des fossilen Brennstoffes bewegt hatten, stellten sie leider fest, daß es sich um minderwertige Salzkohle handelte und stellten den Abbau ein.

Stimmung

Und wieder auf der Terrasse über dem Weinberg sitzen,
ein Jahr her, zu sehen die vereinzelten Lichter am
gegenüberliegenden Berg und oben ungezählt die Sterne
als Hellpunkte am schwarzen Himmel.
Nicht Präludium und Fuge im Ohr,
das gleichmäßige Konzert der Zikaden ersetzt jeniges,
verbunden mit der Wärme der Nächte des Restsommers,
vollauf.
Heimatliche Gefühle entwickeln, entstehen zu lassen,
sitzen, rüberschauen, den Wein genießen,
ein Zug fährt entfernt als Lichterkette vorbei.
Der Hund im Tal der drei Pappeln verbellt einen
Heimkehrer, und der Wind läßt meine Kerze flackern.
Mal wieder Zeit haben, zu hören, zu fühlen und zu
schmecken, das Resultat der Trauben des unter mir
liegenden Hanges.
Hochgefühl wie lange nicht.
Und morgen wird die Sonne aufstehen über dem Berg,
dessen Lichter jetzt langsam verlöschen.

Flüge

Und als das riesengroße hell-, dunkelgrün gestreifte
Malachit-Ei über mir schwebte und Pink Floyds
„Wish you were here" mir den Freiflug durch's
All ermöglichte, und ich es auch noch total gut fand,
war mir klar,
heute darfst du höchstens noch eins trinken.
Und so zog ich die schon klimatisch erwärmte Erde
und das letzte Bier mit Wünschen, du wärst immer
hier, der kosmischen Kälte und Lautlosigkeit vor
und werde morgen somit ordentlich zum Wecken
in meinem Bett vorgefunden werden.
Eventuell desillusioniert.

Marcel Reich-Ranicki

Nicht nur deine literarischen Empfehlungen
sind hervorragend,
nicht umsonst und für meinen Geschmack nur zu treffend
die Hymnen der Presse über deine Kritiken
und deine Person.
Nein, dieser Mann nimmt auch bei sämtlichen Talkshows
und natürlich auch beim literarischen Quartett
den absolut dominanten Platz ein und alles lauscht
andächtig dem golden lyrischen, verreisserischen,
teilweise vernichtenden, salomonischen Urteil.
Wäre da nicht Eins,
das ständige Gefühl, in Sielmanns Tiersendung
über Breitmaulfrösche geraten zu sein.

Aber das ist meine Schuld, und ich mag ihn wirklich.

Strandgut

Am Grund der Meere gibt es viele ruhelose Steine.
Einst, mächtig, ungeformt, das ständig Treiben,
Ziehen des Wassers, das Reiben aneinander,
zu ähnlich runden Formen führt.
Der feine weiße Sand den letzten Feinschliff gibt.
Und eines Tages, mit einem Brüllen das Meer
sie wirft ans Ufer.
Da liegen sie am Strand und glitzern naß
in vielen Farben, Formen, Mustern.
Bevor sie trocknen können, der Wellen
ewig gleiches Lied sie wieder naß beleckt.
So fand ich sie, und Stunden gingen wie Minuten dahin
beim Suchen, Sammeln, Begutachten.
Als ob der Schönheitspreis vergeben würde,
so konkurrieren sie in Farb und Linienspiel.
In Formen wunderlich, skurril, bedeutungsschwer.
Und hat man Glück, find man dazwischen
den Stein gewordenen Abdruck des Seeigels,
wer weiß, wie alt.
Die Schönsten nahm ich mit, konnt sie nicht
achtungslos liegen sehen. Sie sollten mich erfreuen
und erinnern an gute Tage, Stunden.
Jedoch, es fehlt des Meeres Zunge, getrocknet nur noch
halb so schön, die Maserung versteckt,
der Augen Glanz ganz matt.

Beim nächstenmal erfreu ich mich am Glitzern und der
Vielfalt Pracht am Strand und fülle meine Seele
mit schönem Sammlergut, auf daß sie ewig strahlen
auf dem Grunde meiner Erinnerung.

Einordnung

Der Schafe dummes nutzlos Blöken
er täglich hört von unbefellter Haut.
So stellt sich ihm die Frag,
ob besser wär das dicke Fell, als mitzublöken
mit jenen, welchen dicke Felle fremd.
Das Blöken wär okay, jedoch
der großen Herde folgen müssen,
nicht sein Metier.
Und noch dazu vom Hund getrieben,
obschon der Wolf in ihm noch wach.
So stimm an des Rudels Sprache,
der Vollmondnächte Geheul, mein wahres Lied.
Gemeinsam jagend, das Opfer zu fassen sein wird
und Gnade gibt es nicht.
Von jenen gab es immer einzelne,
der Meute nicht bedürftig,
sogar der Sologang erfolgreich.
Indes, das sehnsuchtsvolle Heulen derselben
zeigt an der narbenbedeckten Seele Sehnsucht
nach Zweisamkeit, gemeinsam stark zu sein.

Und davon träume ich.

Halt

Der Rückwärtsschwebezustand hielt an,
schnelle Folge von farbigen Mustern, Blumen,
ein luftgeschwebter Purzelbaum, andersrum,
stop – aufstehen, ans Fenster,
dort der Blick über die Stadt.
Vollmond zwischen Kränen und vertrauten Gebäuden,
diesmal von oben, 11. Stock.
Fenster auf und Kopf vorsichtig raus,
Gänsehaut, die Kastanie weit unter mir.
Schnell rein, auf's Klo, pinkeln –
was ist, wenn jetzt ein Erdbeben kommt –
erneutes Rantasten, und dann hinter der Mauer,
die das Fenster hält, stehen, 30 cm vorm Abgrund
(wäre die Mauer nicht!).
Sehen der vertrauten Stätten von früher,
die Kirche der Konfirmation, eh Wahnsinn
– deine Schule – eine Bimmel bringt Letzte heim,
sächsisch denken und fühlen,
ein Sanka heult vorbei,
dort die HS für Graphik, Jahre gearbeitet,
dort der Zoo – Stunden der Kindheit,
dort irgendwo muß das und das liegen.
Verbindungen, Querdenken und Zuhausefühlen.
Einfach knapp am Abgrund.
30 cm entfernt die Tiefe, einen solchen Blick zu
haben in die Tiefe, in die Vergangenheit, mit solch
schönem Mond und mit solch schöner Gänsehaut –
das war lange nicht. Leipzig danke.

Nachts

Mein ist die Heimlichkeit,
nachtstille Einsamkeit
der still für euch klingenden kopfhörenden
Bach'schen Nacht,
der verhaltene Pißstrahl, leise plätschernd.

Mein die Kerze, mein die nächtene Erinnerung
an laute Nächte,
und mein die Sehnsucht
an gemeinsam heimlich verbrachte Nächte.

Nur gut, wenn laue Winde wehen

Ganz anderes Gefühl, wenn die Luft dir sagt,
der Frühling wäre da...
Vorbei die Zeit der Schatten,
des täglich Grauen,
sogar die erste Fliege freut dich.
Atmest tief, siehst Knospen gleich Hoffnung
überall.
Kurz wird es dauern, das Bemerken,
dann wird der Sommer sein.
Die Fliege nervt, ein Wechsel wäre not,
es kommt die Farbe ins Geblätt,
die magst du so.
Dann, vorbei, die Fliege endlich auch,
ist es schon wieder grau.
Und freust dich schon wieder
auf das Lüftchen lau.

Karnation

Liegen im Gras,
endlos die Weite
des leuchtenden, nachtblauen Übermirs,
gespickt mit Punkten, deren Licht
vielleicht vor Jahrhunderten schon erlosch,
und heute mich erreicht.
Danke, ihr Götter, oder – du Gott, oder –
du Natur, nichts wissend, erlebe ich –
dich, das – kurz, aber glaub mir –
dafür intensiv.

Dein Wein

Verstohlen, mit einer von Erde und Arbeit
gezeichneten Hand, winkte er uns in sein
unterirdisches Reich, in den Berg.
Dort unter Spinnenweben, im nach der Mittagssonne
kühlen Gewölbe, zeremonierte er uns seinen besten
Roten – ohne alles – betonte er,
und dann trank ich den ersten Schluck
und sah mit geschlossenen Augen die zarten
Federwolken über die sonnenverwöhnten Weinhänge
zu Füßen der immer schneebedeckten Gipfel ziehen.
Explosion im Maul, Rebellion der Geschmacksnerven –
das mußte es sein.
Auf Drängen und Bitten durfte ich ein Dutzend
heimfahren und bei jedem Schluck im heimatlichen
Ärgernis wurde die Sonne größer.
Man muß bloß seine Nase reinstecken und Probleme
werden kleiner.
Danke – dir für deinen Wein und die Kunst, ihn zu
küfern –
danke für Menschen, welche nicht Geld, sondern die
reichen Gaben der Natur achten und nutzen.
Danke für ein Erlebnis.

Und gerade bedauere ich, den lichtroten Effekt
des letzten Schluckes im Kerzenlicht nicht mehr
sehen zu können. Ende.
Aber nächstes Jahr komme ich und werde dich um
weitere Sonnen bitten!

Schlag

Hell und klar tönt es einschlägig, verbunden mit
dem Nachdenken über die Stunde ist das sofortige
Wissen um den Halbuhrstand, und gemischt mit dem
Gefühl, zu Hause zu sein, anheimelnd, gemütlich,
dem Nachhall zu lauschen,
denk ich an das Vergehen der Zeit.
Schon meines Großvaters Ohr erreichte dieser Klang,
ein Leben lang, bis ich ihn verlor, schon seine
Hand zog regelmäßig Werk und Glockenfeder auf.

Ruhiger, seine Hand, seine Zeit, der damalige
Stundenschlag, kontinuierlich der Gang des
Zeitmessers durch ritualhaftes Spannen der Federn
immer zum gleichen Tag, der gleichen Stund.

Und man glaubte an die Geschichten der Alten,
gehorchte der Mär, der bei Todeszeiten von
Anverwandten, Bekannten, stehenbleibenden Uhren.

Es hätten zu viele sterben müssen bei meiner
Unzuverlässigkeit, Unregelmäßigkeit, meiner
Zeitnot und Gedächtnislosigkeit.
Also bin ich, so es meine Uhr betrifft,
schon tausende Tode gestorben.
Trotz allem habe ich ständig erneut den Mut,
aufzuziehen, in Gang zu setzen, mit dem Wissen
um weitere tausend Stillstandstode,
nur um dich zu hören und mit dem Klang des
Stundenschlags, des gleichmäßigen Tickens,
der millionenfach wiederholten Bewegung des
Pendels, meines Opas zu gedenken
und ihm nahe zu sein.

Erkenntnis

Beim Erkennen des absoluten Nichtfreiraumes
bleiben einem nicht mehr viele Möglichkeiten,
geschwächt durch die vielen jahrzehntelang
versuchten Ausbrüche, würde dieser, der letzte,
nur mit einer totalen Abnabelung funktionieren,
gleichzusetzen dem Herausreißen wichtiger Teile
des Nichtfreiraumes, und dieses Nichtwollen
zeugt letztendlich vom langen, mosaikartigen
Zersetzen des Wollens, also beuge ich mich,
jedoch besiegt noch lange nicht,
im Hintergrund wird bleiben der Wunsch,
und die Hoffnung auf das Wachsen der Kraft,
um zu tun, was sein müßte.
Oder aber zu wählen die andere Variante,
einfach zu gehen aus dieser Welt,
in Hoffnung auf andere, vielleicht bessere,
vielleicht besser zu machen, zu meistern.
Aber das wäre endgültig,
und noch bin ich mit meiner Wut noch nicht
so weit, euch das zu gönnen.
Also werde ich noch ein bißchen verlieren,
von mir, meinem Denken, meinem Fühlen,
meiner Kreativität und überhaupt,
denn zu gewinnen gibt es nichts, bei euch.
Und wenn ich noch ein bißchen verloren habe,
oder ein bißchen mehr,
wird sich zeigen der Weg,
welcher zu gehen ist.

Thüringen

So nah, so fern, so weltenfern,
so traumnah,
das schreiben ich nicht kann,
so hoffnungsvoll, so zart,
du bist in meinem Kopf.
So weich
und
du
umfließend
deine Haut
so klar dein Blick –
und – meiner.
Die Burg,
der Betten Kleinigkeit,
nur diagonal die Lösung.
So such im Steinbruch,
des Wassers Tiefe
birgt Geheimnisse
des ersten Blicks,
des ersten Kuß der Haut,
und morgen sehn wir weiter.

Die/der/das UHR

Die Uhr tickt, zeigt mir, so geht, das Vergehen –
(und dergleichen viele) – der Zeit.
Ab und an schlägt sie, manchmal erbarmungslos.
Man wird sie nie los, im Gegenteil wird sie immer
lästiger, je länger man sie kennt.
Vor allem früh.

Der Ur, schon in Fabeln erwähntes Urtier,
urzeitlich, prähistorisch zu nennen.
Ein befelltes Etwas, was nicht mehr schlägt,
aber dafür urig anzuschauen war.

Das Uhr, eines der wichtigsten menschlichen
Sinnesohrgane, hätte man es nicht, aus diesem
Grunde doppelt, da einseitig verlustbar,
hörte man nicht
das Schlagen der/die/das Uhr.

Bergansicht

Friedliche Stille überm Dorf,
nur die stoßweise ausgeatmeten Wolken
vom Aufstieg durch gewundene Gassen
auf den Burgberg zeigen die klare Kälte.
Windböen wehen feinsten Schneestaub
in Wirbeln von den Dächern, welchen
die Wintersonne in tausende
fliegende Diamanten verwandelt.
Von oben auf das reine weiße Dorf sehen,
direkt vis a vis den Kirchturm.
In der Ferne verbellt ein Hund das Echo
seines eigenen Gekläffs.
Der Wind zerrt an den Sachen
und zwickt mich in die Ohren,
da ertönt der Halbstundenschlag
der Kirchturmglocke hell und klar und weit
und erinnert mich, daß ich schon wieder
vom Festhalten solcher Augenblicke träumte.

Veränderte Welt

Den sonst so nervenden tropfenden Wasserhahn als
beruhigend, stimulierend zu empfinden,
geduldig die Wiederholungen deines Partners zu genießen,
gern auf Arbeit zu gehen,
sich zu wünschen, endlich mal wieder im Stau zu stehen,
sich den Sommerschlußverkauf zu ersehnen, und –
daß dich endlich ein Hund mal beißt, zu wünschen.
Das ist veränderte Welt. Oder, geh einfach mal hin.

Allee

Ein Unwetter hatte die Pappel an der Bahnstrecke zwischen Budapest und Wien auf dem Gewissen, leider fiel sie genau auf die Gleise. So hatte der wichtige Zug Stunden Verspätung, und der mitfahrende betroffene Funktionär suchte einen Schuldigen, um seinem Ärger Luft zu machen.

Wie konnte an solch einer befahrenen, extrem genutzten Strecke überhaupt ein für Blitz und Unwetter so riskant anfälliger Baum stehen? Dieser Sachverhalt war zu überprüfen.

Der Funktionär beauftragte einen ihm Untergebenen seiner staatlichen Dienststelle, sich sofort um diesen unerhörten Vorfall zu kümmern. Jener fuhr gleich am nächsten Tag mit gemischten Gefühlen in die betreffende Gegend, nicht wissend, was eigentlich von ihm erwartet wurde.

Er wußte nur, Pappeln, Risiko, ich muß es gut machen, ihm recht tun.

Also befuhr er als erstes die 2/3 Stationen der damals betroffenen Strecke mit dem Zug, während sein Chauffeur das Auto vom Abfahrts- zum Zielbahnhof bewegte. Danach wurde die ganze Gegend erkundet. Dort gab es viele Bäume, auch Pappeln, aber alle standen in einem Abstand zum Gleis oder der Straße, was nichts befürchten ließ.

Aber – er mußte handeln, etwas tun. Auftrag ist Auftrag.

So dehnte man den Radius aus, und siehe, man wurde ca. 10 km der Bahnstrecke entfernt fündig.

Eine Allee von Pappeln, dicken, hohen, alten Pappeln, wie gerufen für Unwetter, und noch dazu eine Straße, eine Verkehrsstraße, die auch noch am örtlichen Freibad vorbei führte. Das war es, hier mußte man eingreifen, etwas tun, des Funktionärs Schmach stillen.

Nach Rückkehr in sein Department erfuhren alle notwendigen Leute von der Ungeheuerlichkeit der Pappelallee, und man begann gleich armeestabsmäßig einen Plan zu erstellen. Sofortiges Fällen aller Übeltäter wurde nach langen Beratungen als einzig richtig und als schnellstens durchzuführende Maßnahme erörtert. Die Sommersaison vorbei, das Gros der Touristen weg, nichts stand mehr im Wege, denn die Pappeln.

Eine ansässige Firma, vielseitig, im Baugeschäft und auch sonst variabel einsetzbar, ausgesucht und rekrutiert. Dankbar den fast schon Befehl angenommen, nicht gefragt nach Sinn oder Widersinn der Aktion. Die Order kam von oben, von bezirklicher Instanz, und sicher gut entlohnt. Es wurden geschärft die Ketten der Sägen, ein Bauwagen erstellt, denn Kilometer der Straße waren bestückt der üblen, alten, dicken Bäume. Und Rauschen im Wind, so laut, und Äste fallen, so oft, geschweige von den vielen Blättern im Herbst.

Es begann.

Die Arbeiter arbeiteten hart, einer links, der andere rechts. Vorbereiten der Stämme zum Fällen, Keil einschneiden, Fallrichtung bestimmen, dann zusammen arbeiten, erst den einen, bumm, dann den gegenüberliegenden, bumm. Entasten, teilen, stapeln. Soviel Holz, soviel Blätter.

Zwischendurch immer mal Brotzeit machen, man konnte sich bequem auf die große Fläche des Stumpfes setzen.

Man arbeitete Wochen, gesicherte, gut bezahlte Arbeit auf höchste Anweisung. Was wäre besser, bei diesen momentan existenten Problemen des Landes?

Schön war es nicht, das Hinterlassene, fehlen würden die markanten Blickfänge im Tal, von den Hügeln ringsherum gesehen. Aber Befehl ist Befehl, Auftrag ist Auftrag, und Geld das Wichtigste.

Es wurde kahl, nur Gestrüpp und Büsche und die zahllosen Baumstümpfe zu beiden Seiten der jetzt banalen Straße. Und es wurde auch still, kein sanftes Rauschen, und Vögel hörte man auch fast nicht mehr dort.

Den Bauwagen zum Ende der Allee versetzt, letzter Standort vor Beendigung der Schlachtstelle, wurden die letzten Tage gearbeitet. Dann endlich, der einzig übrige dieser verdammten fünfzig-, sechzigjährigen Riesen fällt, ein letztes Stöhnen, Ächzen. Pfeifen beim Fall und zersplitternd liegt letztes Grünes, vor Minuten noch hoch und stolz im Himmel, auf dem Asphalt.

Man räumt auf und stapelt ein letztes Mal hoch. Fertig. Und jetzt – wird einer gesoffen.

Hinein in unseren Bauwagen, entkorkt der Selbstgebrannte, eingeschenkt und mit einem zufriedenen Gefühl, verdient und der Obrigkeit Recht getan, angestoßen, getrunken.

Über dem See zogen sich mittlerweile bitter schwarze Wolken zusammen. Niemand beachtete den auffrischenden, immer stärker werdenden Wind. Kein lauter werdendes Rauschen der Pappeln warnte die lärmende Gruppe der, jetzt schon singenden, ihren Sieg feiernden, Arbeiter.

Und mit einem grellweißen, ohrenbetäubenden Krachen unwiederholbarer Lautstärke, im Erstarren entsetzt gebannter

Gesichter schlägt der Blitz in die höchste Stelle der Gegend ein, den Bauwagen.

Kurzzeilige Notiz der regionalen Tagespresse am Morgen danach: Vier Arbeiter des Ortes Soundso wurden am soundsovielten um soundsoviel Uhr nach Beendigung ihrer Arbeit durch Einschlag eines Blitzes in ihrer Arbeitsunterkunft getötet.

So können auch Blitze sich irren und aus Versehen ab und an die Falschen treffen.

Nachhauseweg

Durch tiefes, weiches, unberührtes Weiß stapfen,
lautlos fast, wäre nicht das Knirschen,
was an frohe Tage der Kindheit erinnert,
als Schnee und Kälte im Winter noch dazu gehörten.
Unter dem Schein der Laternen ein herrlich
ungeordnetes, nicht enden wollendes Ballett
von Flocken.
Vom Winde hin und her getriebene weiße Pracht,
welche sich niedersenkt als jungfräuliche Decke.
Tannen und alles um einen herum gleichsam
verzaubert, verschönt.
Und mit dem nächsten Schritt freue ich mich
schon auf den Morgen, wenn meine Tochter
aus dem Fenster schaut und quietschend vor
Freude ihren Schlitten verlangen wird.

Tattoo

Dachte, nichts hemmt dich, gleich und gleich sein ist
tödlich, dachte, laß dich hacken.
Tat ich. Okay.
Jetzt trag ich's, mit stolzer, wenn auch runzlicher Haut.
Ich werd's behalten, gewollt, ob ich will oder nicht.
Pubertäre Pickel kannte ich nicht, spätpubertäre hab ich,
dort, wo die Haut sich gegen die Farbe wehrt.
Aber – besser mit vierzig pubertieren als in der
midlifecrisis zu ersticken.

Resümee

Ich sitz auf dem Klo und
denke über den heutigen Tag nach.

Was übrig bleibt: Ein Haufen Scheiße.

Zahnarzt

Sitze beim Zahnarzt und warte meine obligatorische halbe Stunde, um den geliebten Sessel einnehmen zu dürfen. Bei der folgenden prophylaktischen Zahnsteinentfernung und Reinigung meiner nikotin- und umweltverschmutzten Beißerchen wird mir durch die behandelnde, fast übervorsichtig, ja zärtlich zu nennende Helferin des Dentisten offenbart, ich wäre zwar fleißig in der Mundhygiene, jedoch würde ich meine Bemühungen nicht effizient genug einsetzen. Lange Erklärungen, – was soll ich noch tun?
Allen Ratschlägen entsprochen, jeden Morgen, jeden Abend Anstrengungen und Qual mit Bürstchen und Zahnseide etc.

Langsam – kann er mich mal im Maul lecken.

Vertrauter

Bei jeder Reise des letzten Jahrzehnts dabei, abgeschrammt und
ausgebleicht von Regen, Wind und Sonne, vom Liegen im Gras, im
Sand, dem Stehen auf Berggipfeln, dann meist durchnäßt vom
Schweiß des Rückens. Gewaschen, getrocknet, bei Bedarf wieder
gefüllt und wieder entleert. Ständig bereit und meist mit gutgelauntem
Griff hervorgeholt, da wieder Tage Freiheit rufen.
Was wurde nicht schon alles transportiert, das Holz für's Feuer, die
Flaschen für das Fest, die schützende Kleidung in den Bergen und oft,
ja meist, der Fotoapparat. Die kleine Tasche vorn für wichtige Sachen
des Tages, Geld und Schlüssel, Taschentücher, Ersatzfilm,
Kaugummis und das Taschenmesser.
Bei Rasten, Mittagspausen, stehend zwischen den Beinen oder am
Stuhl, wird oft hineingegriffen, gekramt, gesucht, gefunden.
Wieviel Geschichten er zu erzählen wüßte, doch schweigend seine
unaufdringliche Notwendigkeit.
Ich mag ihn sehr, meinen, zu einem Teil von mir und meinen Reisen
gewordenen Rucksack.
Und hält er durch, so nutz ich ihn ein weiteres Jahrzehnt.

Hallo Alex

Stehe im Moment auf festem Boden, nicht wie vor
kurzem auf schwankendem Deck.
Blicke wieder in den Himmel und sehe die gleichen
Sternbilder und fühle mich zurückerinnert, an
manche Stunde Nachts auf Ausguck,
an den Dialog, des angesichts dieser Weite, so
kleinen auf Vordersteven stehenden Menschen, der
das wunderschöne Lied des sich durch die Wellen
kämpfenden Schiffes hört,
getragen durch den Wind, welcher seine eigene
Melodie in den Segeln und Tampen singt....
Denke an jede gezwungenermaßen mitmachend müssende
Bewegung des Schiffes, welche ich nicht nur gerne
mitmachte, sondern immer genoss....
Lauschte gern den erklärenden Worten des
Steuermannes über mir unbekannte Sterne und
Himmelsstellungen,
freute mich über jede Bewegung des Kompasses durch
meine Ruderschlag.
Denke an das Erzittern des ganzen Schiffes, wenn
Böen plötzlich stark einfielen, an das
Gemeinsamkeitsgefühl mit diesem Schiff.
Es schützte mich, es beheimatete mich, über
tausende Meter Wassertiefe trug es mich und ich
hörte und fühlte seine Sprache.
Selten in meine Leben war ich näher an der
Ewigkeit,
selten so tiefes Verstehen des „Seins" erlebt –
nichtig wurden Dinge, welche für andere
Götter....
So möchte ich Danken, nicht nur Dir Schiff, Bark,
Alex sondern auch dem Ozean, dem Wind und Himmel,
der Sonne, den fliegenden Delphinen, der Gischt und
den grünen Segel, gebläht im irren Abendlicht.
Danken, den offenen Augen und guten Leuten,
Mitstreitern, Gleichdenkern und Gleichfühlern auf
dieser Strecke zwischen den Kanaren und Madeira und

Portugal.
Danken der Natur dies erleben zu dürfen und nur,
die bis Windstärke 7-8 sanften Seiten des Wetters,
des Wassers, der Wellen erlebt zu haben.
Dank sagen für zwei Wochen Leben.
Und gerade jetzt, als ich in den sternenübersäten
Himmel schaue, bemerke ich ein leichtes Schwanken
unter mir.

Anstelle einer SMS

Gegangen bin ich in der Nacht,
nach dem Bad im dampfenden See,
voll von springenden Fischen
und gezeichnet von Mustern der sich im Sternenlicht spiegelnden
Bäumen
als dunkle große Flächen an den Rändern der Ufer,
gegangen in den Garten,
um schweigend unter schmalster Gelbsichel des Mondes
mit Dir zu reden,
Deine Augen zwischen den Sternen zu suchen
und Dich zu finden.
Saß lange dort im Dialog mit Dir,
die so nah und doch so fern,
so wenig weiß von mir und ich von Dir.
Der Himmel zeigte mir,
wie immer,
nimmt man sich Zeit,
erneut ein kleines Stück großartige Unbegreiflichkeit
und klar ward mir:
obschon getrennt und andersartig,
sind Luft und Wasser eins.
Des Wassers Wärme gab der Luft den steigenden Nebel
und diese kühlte den von der Tagsonne erhitzten See.
So sind wir beide Grundverschieden
aber trotzdem eins und nicht zu trennen.
Und bei dem Gedanken
wie lange sich Luft und Wasser kennen
wurde mir warm ums Herz
und ich faßte Hoffnung,
Dir vielleicht doch noch einmal sagen zu können
was ich fühle.

Schätze

Kurz vorm Einschlafen betrachte ich noch meine neuen Schätze,
gelegen in meinem Regal am Bett, was sowieso nur Schätze enthält,
literarische und mir lieben kleinen erinnerungsbeladenen Krimskrams.
Die letzten zwei dazugestoßenen sind ein versteinerter kleiner Seeigel,
sauber gereiht die weiß gepunkteten Perlenschnüre, fünffach, um sich
unten in einem magischen Auge zu treffen, dem ehemaligen weichsten
Teil...
Gefunden zwischen hunderten bunter Steine am aprilsturmumtosten
Strand, gefunden nach tausenden Jahren, von mir, allein mit Meer und
Wind, mit von Winterwettern und den Sturmfluten gefällten ufernahen
alten Bäumen, bizarr liegend, und der umspülte Sand versuchte, sie in
sein Reich zu ziehen...
Schon das – ein Glück, Relikt, Erinnerung an diese Stunden, voll
Gewalt der Natur und Freudenschreien meinerseits, so irre das Gefühl.
So mußte ich am nächsten Tag zurück dorthin, ins Wetter, die vom
Wind getragene salzige Gischt. Und einen zweiten Tag tobte das
Meer, und erneut kämpfte ich gebeugt, doppelt eingemummt und mit
Kapuze dem Alles entgegen, obschon, gefühlt als miteinander, ein
Kampf.
Und warf mir, mit großer Welle, lang auslaufend, den gelb
durchsichtigen Bernstein vor die Füße, rissig und verport, urig alt,
Harz eines Baumes, welch sehen ich möchte. Gab ihn mir als Dank für
Einigkeit.
Und nehme ich ihn in die Hand, so bin ich wieder dort und lasse die
Kraft in mich fließen, unendliche, nie menschenerreichbare Kraft und
Faszination, meines Gottes – der Natur.
So danke ich und hüte meine Schätze, welche meinen Schlaf
bewachen.

Manchmal schrei(b)en

Gedichte sind für mich wie abtauchen in Vergangenheit,
hervorholen bildlicher, farbig exakter Vorgänge,
mit Ton, innerlichem Fühlen, der Stimmung und den
Geräuschen, allen ablaufenden...
Und so entstehen sie, diese Gedichte.
In der Umkehrung. Erleben.
Und so muß ich, um weitere schreiben zu können,
die Augen öffnen, die Ohren aufsperren,
meine Sinne (die noch vorhandenen) einsetzen
und fühlen, festhalten.
Und fast jeder Augenblick ist's wert,
man muß ihn nur sehen, fühlen, schmecken.
So bitt ich um die Gabe, zu sehen und zu verarbeiten
alles, was ich sehen, hören, fühlen und erleben muß –
ohne durchzudrehen oder böse zu sein,
ohne übelzunehmen oder sterben zu wollen.
Und trotz allem danke ich tief für die Gabe,
sehen zu können, fast alles zu hören,
den Roten im Maul zu erleben und weitere nette Dinge
des Lebens zu spüren – manchmal zu tief.

Temposache

Vollgas fahren,
nicht auf der Autobahn oder irgendwelchen Straßen,
im Leben,
nichts auslassen, vom Konzert zur nächsten Fete,
zwischendurch den leider nötigen Teil der Arbeit
runterschrubben, kaum schlafen, immer mal in den
Vollmond gucken, und die geregelten Körnergesundheitsübertreiber
tolerieren, obschon der Schinken lacht.
Morgens pelzige Zunge zu haben, die Zahnbürste
bleibt im Hals stecken,
den Neid des Nachbarn zu sehen, weil dieser nicht ausbrechen kann,
bin ich ganz schön abgefuckt, aber irgendwie
glücklich, heute Abend,
es war gut, diese Musik zu hören.
Schön, nicht allein zu sein dort, bei dem Konzert.
Hardcore – ehrlicher Aufschrei immer mehrer Leute.
Und es werden noch mehr, und sie sehen auch,
den Mond.
Und nicht nur ihn.

Nachtgedanken

Stand vorm Haus, bedrückt, und merkte,
daß ich nach unten schaute,
: blick hoch – dort sind die Sterne,
beschränkt mein Blick durch Dach und Bäume –
gerade einen Ausschnitt sah ich –
des Sternenhimmels –
mir wurde klar, man kann immer nur einen kleinen
Teil der Genialität sehen.
Danke, daß ich diesen kleinen Teil sehen konnte.
Und danke, daß ich begreife,
so klein zu sein angesichts dieser Größe.

Erwartung

Es wird ein wunderbarer Abend,
die Frühjahrsblüte der Bäume und Blumen um uns,
werden wir grillen, bißchen Schach spielen,
ein Faß anzapfen, viel Knoblauch essen und
später ein Feuerchen entfachen,
sitzen, reden, in Augen schauen und lachen,
wir werden Geschichten erzählen und zuhören,
Meinungen austauschen und eins sein.
Werden beobachten, wie die untergehende Sonne
dem Mond seinen Platz einräumt
und nicht merken, wie die Zeit vergeht.
Beim Flackern des Feuers ab und an ein Auge
blitzen sehen, und Zähne beim Lachen.
Leise dem unvergleichlichen Gesang des verbrennenden
Holzes lauschen und schweigend einander verstehen.
Keiner wird aufstehen, wenn der vorsommerliche
Regen einsetzt,
fasziniert werden wir den zischenden Lauten der
fallenden Tropfen ins Glutbett zuhören und dem
langsamen Sterben des Feuers zusehen.
Und eins weiß ich, darauf freue ich mich heute schon.

Intermezzo

Leg dein junges glattes Gesicht an meines
und decke es zu mit deinen langen schweren Haaren,
daß ich nicht sehen muß die andauernde Zerstörung
unserer Erde.
Halt mich fest in diesem Augenblick,
daß ich aufhöre, zu fallen für einen Moment,
einen Moment der Besinnung finde im Duft deines
Haares, deiner Haut.
So werden wir schweigend uns Kraft geben,
einen Moment nicht hören zu müssen den Lärm der
Nichtverstehenden, welche da toben, schreien, wüten.
Leg dein junges glattes Gesicht an meines,
alt zerfurcht, verwittert –
du wirst mir nicht nehmen können das Erlebte,
Gesehene, aber geben können die Kraft der
Hoffnung der Jugend.
Und ich werde dir geben die so teuer bezahlte
Weisheit des Lebens, welche mir bis jetzt
gelehrt wurde.
So bleib noch kurz an meiner Seite liegen –
die Kraft schöpfende Pause zu verlängern –
aber die Unrast der Jugend treibt dich weiter –
und mir wird kalt.

Der Baum

Nicht nur die Geburt der heutigen, unsrigen Zeitrechnung fand statt, nicht nur der Beginn einer neuen Zeit, nicht nur die Geburt des Heilands, des Erlösers, nein, ganz im Verborgenen, unbemerkt, nicht beleuchtet vom Morgenstern und nicht beschenkt, hofiert von den Heiligen Drei Königen, erblickte am gleichen Tag, zu gleichen Stund ein mager kleiner Sproß, aus einem Samen, das Licht der Welt.

Unbeachtet und fernab vom großen Ereignis stahl sich das erste Blättchen an die Sonne, welche unsere Erde schon damals wärmend beschien. Der erste Wind berührte die zarte Pflanze, es kam der erste Regen, die erste Nacht, die erste Kälte.

Trotz allem, und mit starkem Willen zu leben, reckte sich das kleine Bäumchen am Tag in die Höh und schloß des Nachts seine Blätter.

So verging der erste Frühling, der erste Sommer, der Herbst, und schon vor dem ersten Winter waren erste Proben zu meistern, bestehen gegen den hungrigen Verbiss des Kaninchens und die Trockenheit der Erde des Herbstes.

Das Bäumchen schaffte den Winter und im Frühjahr explodierte sein Wachstum. Nun konnte nichts mehr seinen Lebenswillen besiegen, unaufhaltsam, mal schneller, wenn gute, mal langsamer, wenn schlechte Jahre, es wuchs.

Sicher, manch Narbe wurde ihm beigebracht, manchen Ast im Sturm es ließ, manche Wurzel angefressen wurde und abstarb. Trotz allem wurde es zu einem Baum.

Zwischenzeitlich erschlugen sich Menschen im Teutoburger Wald, führten Kriege, hielten wieder stille, verfielen Reiche und neue wurden gegründet. Jene waren damalig die nichtigeren Gegner, der Baum hatte zu trotzen seinesgleichen, des lichtnehmenden Nachbarn, der ab und an heftigen Stürme, und einmal verletzte ihn ein schnitzender Verliebter an seiner Haut.

So gingen Jahrhunderte dahin, im Wechsel der Jahreszeiten, erstarkte der Baum am Stamm, Gefieder, und seine Wurzeln beherrschten die Erde unter ihm, gleich seiner Krone den Himmel über ihm.

Im Jahr 800, so alt nun schon und mächtig seines Stammes Umfang, mächtiger als jenes 1. Kaisers, der gekrönt zur selbigen Zeit, nahm eines Nachts der Blitz ihm einen Arm. Seiner Erfahrung, seiner Stärke und seiner Langmut zu verdanken, die Kraft, zu schließen die Wunde groß.

Und weitere hunderte Jahre zogen ins Land, und weiterhin erstarkte der Baum, gab dem Erkennenden im Sommer Schatten und Ruhe unter ihm und trotzte im Winter dem Eis und dem Schnee. Lächelte über den an ihn Pissenden und schenkte der Erde unter ihm vorm Winter sein wärmendes Laub.

Die ersten tausend Jahre lagen hinter ihm, der Menschen Angst noch groß, der Achtung ihrer war er damals sicher. Zwar tobten sie und schrien unter ihm gar manche Zeit, entfachten Feuer und tanzten, sogar Gericht hielt man zu seinen Füßen, der eine verlor die Hand, der andere den Kopf. Ihn störte nichts, Jahrhunderten Narren zuzusehen, entlockte ihm kein Schmunzeln mehr.

So zog die Zeit, welch ewig gleiches Lied im Gepäck, stetig, ohne Hast, aber unerbittlich schnell, vorbei, verbrannte Hexen schrien ihre Qual in sein Geäst, was schütteln er gewollt, wenn er gekonnt, ob soviel Wahn.

Nun langsam, der Ewigkeit wieder 5/6 Jahrhunderte näher, begann er zu versteinern, es wurde nicht nur hart der Blick, getrübt durch wenig Farbe, Sonne, Freude um ihn herum, nein, auch sein Holz wurd spröde, gleich seiner Seele.

Es blieben seine Freunde, der vielen, er beherbergt, versorgt, und immer glücklich lauschend, er ihr Lied vernommen. Sie wohnten weiter in ihm, kamen Jahr für Jahr zu ihm zurück, so lang die Zeit es ihnen vergonnt.

Sie verstanden seine Versteinerung, daß Arme blieben ohne grünen Frühlingsgruß, daß schwarz er innen, und modrig roch des letzten Regens Lachen im, fast schon Herz, des alten Mannes.

So schleppte sich, mit weiterhin dem klugen Mut des Weisen, der Baum zum Jahr 2ooo, die letzten hundert Jahr gelitten unter stinkend Lärm, die letzten Blätter verbrennender Sonne entgegenhaltend, sein Wort: „Ich halte stand, auch diese Schmach wird enden".

Indes, es waren seine letzten Worte, des unbekannten, nicht erkannten Gegners scharfe Zähne, zu schnell zum Reagieren, sich schlugen in seinen Leib, schon rasend laut sich nähernd seinem Herz, er letztes Stöhnen, Ächzen hören läßt: „So hätt ich nicht gedacht und nicht gewollt". Da trifft die Motorsäge seinen Lebensnerv, und brüllend, pfeifend, mit einem dumpfen Schlag auf vertraute Erde, splittern die Gliedmaßen von ihm, und er stirbt mit dem Gefühl: „Wenigstens schnell ging es".

Veränderung

Endlich rollte das Flugzeug der Startbahn zu, langsam kehrte Ruhe ein unter den Passagieren. Der Mann zwang sich zu einer heiteren Denkweise, schließlich war es endlich soweit. Der langersehnte Urlaub, im Vorfeld idealisiert, da Ärgernisse und Probleme einfach Abstand gefordert hatten, war da. Aber die erhoffte euphorische Stimmung stellte sich nicht ein. Eher ein flaues Gefühl in der Magengegend, hinter sich die ungelösten Dinge und vor sich die Ungewißheit des vierwöchigen Urlaubstrips ans Meer. In die Sonne von Portugals Küste, ohne zu wissen, ob das Zimmer des Hotels zusagte, ohne zu wissen, ob nicht schon am ersten, zweiten Tag der vertraute Partner zum alltäglichen Gespräch fehlen würde. Jetzt war ihm nicht klar, ob seine Entscheidung, allein zu fliegen, richtig war. Im Vorfeld hatte er sie sich als einzig mögliche Variante täglich suggeriert. Er ärgerte sich über sich selbst, schalt sich einen Dummkopf, befahl sich zu genießen, während die Maschine rasch an Höhe gewann.
Die zwei Stunden vergingen schnell, abgelenkt durch die Sicht auf Wolkenformationen und das Geplapper seiner Nachbarin, begann der Sinkflug von Meeresseite Richtung Zielflughafen. Die Maschine landete sicher, die Urlauber applaudierten dem gelungenen Manöver des Piloten. Der Mann fragte sich: „Wieso? Die Crew im Cockpit erledigte im Grunde auch bloß ihre Arbeit."

Auch das Auschecken und der Bustransfer verliefen reibungslos, neue Eindrücke und veränderte Vegetation flossen an ihm vorbei. Er freute sich über Balkon mit Meerblick seines Zimmers, obgleich es ähnlich tausenden Zimmern in tausenden Hotels dieser Welt war. Eine Straße trennte sein Hotel vom Strand.

Mit dem Gedanken an nun vier hier zu verbringende Wochen begann er auszupacken, einzuräumen, aufzuhängen, versuchte etwas Wohnlichkeit und ein vertrautes Stück Zuhause einzubringen. Er stellte den Wecker auf den Nachttisch, wie daheim, den Schlafanzug legte er unter das Kopfkissen. Zwischendurch ging er wieder auf den Balkon, blickte auf die endlose Wasserfläche bis zum Horizont und freute sich über die, nach seinen Berechnungen, zu erwartende Morgensonne.

Nach getaner Arbeit und als Abschluß den leeren Koffer unters Bett schiebend kam ein befriedigtes Gefühl in ihm auf. Wie immer nach etwas zu Ende Gebrachtem, etwas Fertiggestelltem, etwas Geleistetem, kehrte kurzzeitige Ruhe in ihm ein. Er kaufte sich einen Drink in der Hotelhalle und besah sich den Betonbau genauer. Gleich allen Urlaubern, nach Reihenfolge: Speisesaal, Swimmingpool, Spielmöglichkeiten und so weiter. „Im Großen und Ganzen auszuhalten hier, die Zeit, aber heute nach dem Abendessen muß ich unbedingt dem Meer noch Guten Tag sagen", waren seine Gedanken. Freundlich, aber distanziert, begrüßte er seine Tischnachbarn und beteiligte sich zurückhaltend am Gespräch über Essen, Hotel, das Wetter und die Dauer des Urlaubs. Auf die Frage erzählte er bereitwillig, aus welcher Kleinstadt in Deutschland er komme und log nur bei der Frage nach der Familie. Er lebe allein und das schon lange. Erleichtert beendete er sein Mahl und gab dem Kellner zuviel Trinkgeld, in Unruhe, noch zum Meer zu kommen, dem Tischgespräch zu entkommen und in Berechnung der noch folgenden vielen Mahlzeiten.

Wider Erwarten schien, nach einer unruhig, mit Wachphasen durchbrochenen Nacht, die Sonne am Morgen nicht. Ein dichtes Wolkenband bedeckte den Himmel und färbte nicht nur das Wasser bleiern. „Alles grau in grau" dachte er, und: „Der Verkehrslärm nervt." Also, was tun heute, den ersten Tag ohne Ziel, ohne Plan, ohne Arbeit? „Ich werde die Gegend erkunden, etwas einkaufen, dann ein Besuch im Schwimmbad bis Mittag."
Seine Laune besserte sich zusehends beim Zusammenstellen der Aktivitäten. Er hielt sich genau an seine Vorhaben, und nach dem Mittag spazierte er ein Stück am Strand. Ein kleines, einladend wirkendes Strandcafé lockte ihn in einen der vielen, tief im Sand eingesunkenen, Plastikstühle, und so trank er seinen Pastis mit Erinnerungen an die Kindheit, als die Tischplatte auch in Brusthöhe war. Er schaute den Muschelfischern im seichten Wasser der sich brechenden Wellen zu und empfand das gleichmäßige Rauschen als beruhigend.
Auch nicht schlecht, ein paar Stunden müßig dazuhocken und nur seinen Gedanken nachzuhängen, welche von einem Thema zum anderen sprangen und natürlich auch um zu Hause kreisten. Ein vages Gefühl von schlechtem Gewissen stellte sich ein. Er sah in der Ferne einen großen schwarzen Hund bummelnd näher kommen. Der Hund

beschnupperte einen am Strand liegenden Treibholzstamm, lief unkontrolliert ein Stück zurück, drehte einen Kreis und hob an der geeignetsten Stelle das Bein. Er kam langsam näher und der Mann dachte: „Ein schöner Hund, sicher ausgerissen zu Hause". Er beachtete ihn nicht weiter, trank einen Schluck aus dem Glas und schloß genießerisch mit der Symbiose aus glitzernd Wasserflächen und dem Anisgeschmack im Mund die Augen. Erschrocken riß er seine Hand hoch, instinktiv hatte der Körper eine heftige Abwehrbewegung gemacht, als etwas Kaltes, Feuchtes seine innere Handfläche berührte. Vor ihm stand der Hund und schaute ihn einschätzend, miteiner zur leichteren Flucht vorbereiteten Körperstellung mit großen dunklen Augen an. „Na, du, bist aber ein Schöner, ich hab' nichts für dich" waren die Worte des Mannes. Dabei hob er langsam die Hand, um dem Hund seinen Geruch zu übermitteln und die Leere seiner Handfläche zu zeigen. Der Hund zuckte sofort zurück und sein Nackenfell sträubte sich leicht. Sicher schlechte Erfahrung gemacht, dachte der Mann. Suchend blickte er sich nach dem Besitzer um, doch weit und breit war niemand zu sehen. Der Inhaber der Kneipe kam mit einem Tablett aus der Tür, er hatte einen Kaffee für sich und einen weiteren Pastis für den Fremden dabei und suchte durch die Einladung ein Gespräch, um seine Neugier zu stillen. Als er die wartende Stellung des Hundes sah, machte er: „Scht, scht" und hob das Bein, als wolle er treten. Gelangweilt trottete der Hund davon. „Hier geben viele Hund, ohne Herr" radebrechte er. Der Mann schaute dem Hund bedauernd nach, der wache Blick und die offene Haltung des Hundes hatten ihm imponiert. Und nun würde wieder eines jener Gespräche folgen, welche er seit Tagen zu vermeiden suchte.

Am späten Abend ließ der Mann seinen Tag an sich vorüberziehen, blieb bei der Geschichte mit dem Hund hängen. Er konnte sich nicht erinnern, ob der Hund ein Halsband trug oder nicht. Dafür war ihm der kurze, intensive Blick umso besser in Erinnerung.

Er hatte eine gute Nacht, schlief durch und erwachte früh durch das Geheul des großen Rudels streunender Hunde, welche durch die engen Gassen seines Traumes liefen und erbärmlich heulten. Er öffnete die Augen und hörte noch das sich entfernende Martinshorn des Krankenwagens. In sich hineingrinsend versuchte er das letzte Stück des Traumes wieder zu beleben. Zu sehen, ob d e r Hund dabei war.

Dabei dachte er fast schon hoffend: „Vielleicht seh' ich ihn heute wieder, wenn ich an den Strand gehe." Und fragte sich gleichzeitig, wie eine so kurze Begegnung ihn so beschäftigen könne. Kopfschüttelnd stand er auf und begann den Tag.

Der Vormittag verlief schnell, mit der Besichtigung einer historischen Stätte, einem Kurzausflug der Hotelleitung. Und kein Gedanke an den Hund hatte die Stunden berührt. Beim Mittagessen wartete der Mann auf das Gehen seiner Tischgefährten, um das aufgesparte Stück Fleisch schnell und heimlich in der Serviette verschwinden zu lassen. Er machte ein Schläfchen und ging dann voller Spannung, Hoffnung Richtung Strand. Der Wind hatte aufgefrischt, große Wogen liefen gen Strand und brachen sich donnernd, lang auslaufend. In der Ferne ballten sich Wolkenmassen schwarz, wie schräg abgeschnitten am Himmel. „Nun, bis zum Strandcafé werde ich schon kommen", waren seine Gedanken, während der Wind an Haaren und Blouson riß und seine Hosenbeine flattern ließ. Die ganze Strecke blickte er sich suchend um, blieb stehen, um das tobende Meer zu betrachten und bemerkte seine eigene Unruhe, seine Erwartung und schalt sich selbst der Übertreibung. „Ich werde jetzt zum Café gehen, ein, zwei trinken und wenn nicht, dann eben nicht", beruhigte er sich. Der Wirt freute sich und bezog den erneuten Besuch auf sich und seine Einladung des Vortages.

Es begann stark zu regnen, und der Mann hatte vier oder fünf getrunken, bis das Wetter vorbei war. Im Gespräch hatte er die eine oder andere Frage über die wild lebenden Hunde eingeflochten, und die Wirkung des Alkohols hatte ihn die Hoffnung verlieren lassen. Er steuerte Richtung Hotel. Zum Essen würde er zu spät kommen. Doch unablässig spielte seine Hand in der Tasche mit dem Fleisch in der Serviette. Fast schon beim Verlassen des Strandes sah er ihn. Freudig erregt riß er das Päckchen aus der Tasche und rief: „Hier, hier, was ich dir mitgebracht habe!" Der Hund nahm in seinem Lauf mit der Schnauze am Boden nur kurz Notiz, ein schneller, flüchtiger Seitenblick, und folgte weiter seiner Fährte. Schon wollte er das Päckchen wegwerfen, als der Hund auf seiner Spur eine Kurve drehte und Richtung Mann lief. Er hob den Kopf und nahm Witterung auf. Und wieder dachte der Mann, wie schön der Hund wäre. Er wickelte des Papier auf, legte es behutsam in den Sand und entfernte sich drei Schritte. Vorsichtig kam der Hund näher, sein Blick wechselte

zwischen dem Bissen und dem Mann, wägte ab das Risiko. Ein kurzes Schnappen und schon lief er wieder geschäftig davon. Die Serviette trieb im Wind den Strand entlang. Und obwohl kurz die Begegnung, war der Mann zutiefst zufrieden: „Er hat es genommen und er hat kein Halsband um und er war trocken, also hat er einen Unterschlupf."
Am Abend saß er vor sich hinsummend an der Bar, war innerlich friedlich gestimmt, wie lange nicht.

Die Tage vergingen schnell, ein Rhythmus war entstanden. Man sah sich erst am Nachmittag am Strand. Meist war der Hund schon in der Nähe des Überganges, über welchen der Mann kam und empfing als erstes die mitgebrachte Mahlzeit. Er schlang sie immer hastig herunter, wobei er sich nicht berühren ließ. Erst dann richtete sich seine Rute auf und wedelte leicht freudig hin und her, begrüßte den Mann.
Die langen Spaziergänge waren zum Ritual geworden, und der Hund begleitete in seiner hin- und herschnuppernden Art den Mann. Mal weit vor ihm, manchmal kurzzeitig weg und unverhofft wieder aus den Dünen auftauchend. Manchmal lief er so dicht, von hinten kommend, vorbei, dass die Hand des Mannes seinen Kopf und den Rücken streifte. Diese Vertrautheiten genoß der Mann und verdrängte schnell die Gedanken an die andere Welt seines Lebens, die alte, aber noch vorhandene Welt. Er dachte über die vergangene Liebe nach, über Freundschaft und persönliche Freiheiten, gegenseitig. Oft saß er im Sand, den Blick auf's Meer gerichtet, tief in Gedanken versunken, kam der Hund, setzte sich ein, zwei Meter von ihm entfernt und blickte ihn unverwandt mit seinen klaren, durchdringenden Augen an. Der Mann sprach mit ihm, und bei manchen Worten drehte der Hund den Kopf schief, als wären sie besonders gut, und der Mann mußte lachen. Im Gefühl des Mannes verstand der Hund ihn, kommunizierte er mit ihm und konnte Stimmungen, Gefühle nachvollziehen.

An Nachmittagen mit Hochstimmungen, mit dem Gedanken in der Brust: „Heute könnte ich alles umarmen, das Meer, den Himmel, die Vögel in ihm und dich, Hund", da tollte er und spielte ausgelassen wie ein Welpe. In Stunden der Nachdenklichkeit, der romantischen Anwandlungen, der Wehmut und der Sehnsucht nach nicht Definierbarem, gab er ihm durch seine Nähe und seine Blicke sein Verständnis, als litte er mit ihm.

Der Tage Ablauf war dominiert vom Nachmittag, unwichtig und ungeduldig wartend die restliche Zeit verbracht. Nur abends, nach dem Treffen am Strand, kehrte der Mann regelmäßig in sein kleines Kneipchen ein, trank noch zwei, drei Bier vorm Zubettgehen mit stets dem gleichen, zufriedenen, ausgeglichenen Zustand und plauderte mit dem Wirt über Gott und die Welt. Der Wirt mochte ihn, unkompliziert und immer gut aufgelegt schätzte er seinen regelmäßigen Besucher ein.

So brach die letzte der vier Wochen an. Gedanken an Abschied oder wie zu lösen alles wäre, hatte der Mann bis jetzt verdrängt. Er fühlte nur, ewig lange war es her, da er einem Lebewesen ähnlich nah gewesen war. Mit der den Menschen eigenen Art hatte er bis jetzt einen Schutzwall des Denkens um sich und den Hund errichtet und die vergehende Zeit ausgeschlossen. Doch eines dieser Tage, beim Sitzen mit Blick auf's bewegte Farbspiel des Wassers, drängte die Frage aus ihm heraus. Bei der Vorstellung der Trennung vom neben ihm sitzenden Hund liefen ihm die Tränen über das Gesicht. Der Hund stand auf, kam näher und vorsichtig, fast zärtlich, leckte er das salzige Wasser des Mannes, erst von dem einen Auge, dann von dem anderen. Der Mann legte seine Hände um den Hundehals und schluchzte hemmungslos. Laut fragte er: „Was können wir nur machen, mein Guter, Lieber, Schöner?" An diesem Abend trotteten beide die Strecke zum Übergang des Mannes, dort streichelte und liebkoste der Mann den Hund, wie immer die letzten Tage, doch heute ging der Hund nicht, er stand und blickte dem Mann nach, bis dieser nicht mehr zu sehen war.

Des Nachts lag der Mann wach und spielte die möglichen Varianten durch, er hatte seiner Frau bei den kurzen, sachlichen Heimattelefonaten nichts erzählt vom Hund. Er wußte, sie mochte keine. Die Kinder würden sich freuen, aber der Hund und seine Freiheit im bisherigen Leben. Unvorstellbar. Die täglichen Stunden sind kein ganz zusammen verbrachter Tag von vierundzwanzig Stunden und das für immer, beruhigte er sich und impfte sich die Unmöglichkeit der Mitnahme ein. Und auch bei den Vorstellungen der behördlichen Gänge, Schwierigkeiten, blockte er ab. Die Entscheidung wurde am Vormittag gefällt: „Heute Nachmittag verabschiede ich mich vom Hund und morgen Früh fliege ich. Er hat es hier gut und – es geht nicht!"

Beim Mittagessen ließ er sich zwei Stücke Fleisch extra geben und strebte gemischten Gefühles dem Strand zu. Doch dort, wo immer der Hund gewartet hatte, war niemand. Nur eine Mutter spielte mit ihrem Kind im Sand. Kein Hund.

Er suchte die Weite des Strandes ab und begann Richtung Strandcafé zu laufen, immer schneller wurde er und rief dabei laut: „Hund, Hund!" Er hatte ihn immer so genannt, gerufen. Ihm bewußt keinen Namen gegeben, um ihm die Würde der Freiheit zu lassen, ihn nicht mit einem Namen zu seinem Eigentum zu stempeln. Der Wirt des Cafés hatte ihn nicht gesehen und schüttelte den Kopf über Dinge, die er nicht nachvollziehen konnte. Der Mann wurde immer nervöser und suchte bis zum Abend an allen vertrauten Stellen am Strand.

Als es schon Nacht wurde, beschloß er verzweifelt und aufgewühlt, innerlich zerrissen, einen nochmaligen Versuch in der Früh vorm Flug, anstelle des Frühstücks, zu starten.

Die Nacht war schlimm, der Schlaf mied ihn, und in den kurzen Zeiten des Dämmerns träumte ihm vom großen schwarzen Hund. Zerrädert erlebte er den Morgen, das Aufstehen der Sonne über dem Meer. Er eilte an den Strand und rannte bis zum Café.

Nur Weite, die zartrosa Farbe des Himmels und das sanfte Rauschen des Meeres umfingen ihn. Tränen liefen über sein Gesicht, wie an jenem Nachmittag, als des Hundes Zunge ihn tröstete.

Die Zeiger seiner Armbanduhr riefen ihn zur Disziplin, wie schon immer, ein Leben lang.

Die Maschine zog eine Abflugsrunde und aus geringer Höhe sah der Mann den breiten Strand unter sich, gleich einer Grenze zwischen dem Meer und dem Festland. Eine symbolische Grenze zwischen gemeinsam verbrachten vier Wochen und der Zukunft. Die Grenze, an welcher der Hund lebte. In diesem Moment wußte er, es würde kein Vergessen geben und dass man sich selbst gewisse Fehler nie vergeben kann.

118